JN096895

こんなところでつまずかない！

ハラスメント事件
21のメソッド

東京弁護士会 親和全期会
編著

第一法規

はしがき

　ご承知のとおり、令和2年6月施行の労働施策総合推進法により、い
わゆるパワーハラスメントの防止等についての措置が事業主の義務とし
て定められました。令和4年4月から適用される事業主の範囲が中小企
業にも拡大され、使用者側としては一層充実した対応を求められること
になります。使用者側弁護士は、予防、事件対応、再発防止のいずれの
場面においても適切な助言を求められることに変わりありません。また、
労働者としても、権利意識の高まりにより、良好な就労環境の維持、回
復を期待して弁護士を頼る人が増えるものと見込まれます。もっとも、
中にはやや過剰と思われる請求に固執する労働者もいます。そのような
固執はなくても、メンタルヘルスや当面の生活費をどう捻出するかとい
った問題を抱えている労働者も少なくありません。労働者側弁護士も、
依頼者との向き合い方について更なる配慮や工夫が必要になっています。

　本書は、各種ハラスメント事件について、労使双方の立場から、相談
時から訴訟／法的手続の各段階において、弁護士としてつまずきがちな
点を洗い出し、「21のメソッド」シリーズ既刊と同様、若手弁護士の体験
談を紹介するとともに、一般的な解説を加える形でまとめました。

　本書の執筆を担当したのは、東京弁護士会内の任意団体である親和全
期会に所属する弁護士です。親和全期会は、東京弁護士会に所属する会
派である法曹親和会に属する弁護士のうち司法修習終了後15年未満の中
堅・若手弁護士によって構成される団体であり、現在、所属弁護士は、約
1,100名となっています。親和全期会は、弁護士業務に関する研修会・講
演会や会員間の親睦を深めるさまざまな行事の開催、書籍の執筆・出版
のほか、日本弁護士連合会や東京弁護士会などに関する会務や政策への
取組み等のさまざまな活動を行っています。親和全期会の弁護士は、こ
のような活動を通じて所属弁護士の枠を超えて他の多くの弁護士と交流
し、情報や悩みを共有し、日々切磋琢磨しています。

体験談の中には成功体験だけでなく、いわゆるヒヤリハット事案も含まれていますが、本書を手に取られた読者の皆さまの一助になれば幸いです。

　最後になりますが、本書の出版にあたって、第一法規株式会社の編集第一部の小林千紘氏、宗正人氏、川村茉優氏には、スケジュール管理から編集方針への助言まできめ細やかなアドバイスをいただきました。この場をお借りして厚く御礼を申し上げます。

令和３年12月

東京弁護士会　親和全期会

令和３年度代表幹事

弁護士　吉岡　剛

こんなところでつまずかない！ ハラスメント事件 21のメソッド

目次 Contents

本書中の体験談は、執筆者自身の経験や他の弁護士へのインタビュー等を元に内容を再構成したものです。各体験談冒頭のプロフィールは、必ずしも各執筆者のプロフィールと一致するものではありません。

凡例
裁判例には、原則として判例情報データベース「D1-Law.com判例体系」（https://d1l-dh.d1-law.com/）の検索項目となる判例ID を〔　〕で記載しています。
例：最一小判昭和 30 年 7 月 19 日労判 1186 号 5 頁〔28263272〕

民集	最高裁判所民事判例集
判時	判例時報
労判	労働判例

各社の商標または登録商標
・LINE は LINE 株式会社の商標または登録商標です。
・Facebook は Facebook, Inc. の登録商標です。
本文中に記載されている他の製品名及びサービス名は、各社の登録商標、商標又は商品名です。なお、本文中ではこれらについて®、TM などのマークを省略しています。

本書は 2021 年 12 月までに公表されている内容によっています。

相談段階〜被害者側①〜

▶ その聞き取り方法で大丈夫?

——ハラスメント事案は、その性質上、被害者から相談を受けても、加害者から相談を受けても、事案の全容を把握しにくい場合があるという特徴がある。相談者の話を裏付ける客観的な証拠が乏しい又は全くないという場合や、相談者の心理から、代理人に対して重要な事実を隠して明らかにしないという場合があるからである。ハラスメント事案の相談を受けるにあたっては、このような特徴を踏まえて聞き取りを進めることが大切である。

事案の把握における注意点

　法律相談は、その事案がどのような事案であるのかを把握することから始まります。事案の把握にあたっては、ただ漫然と相談者の話を聞くのではなく、法的観点を踏まえたうえで、事実を確認していく必要があります。事実を確認する際は、その事実を証明する証拠の有無に留意しなければなりません。紛争の最終的な解決方法は訴訟であり、訴訟における事実認定は証拠に基づく以上、どのような証拠があり、その証拠の証拠価値がどの程度であるかということは、結果を左右する鍵になります。ですから、初動段階から証拠を意識して事案の把握に努めることが肝心です。

ハラスメント事案において、パワーハラスメント（パワハラ）やセクシュアルハラスメント（セクハラ）が問題となる場合、事実行為の有無が問題になることが少なくありません。事実認定において、客観的な証拠ほど証拠価値が高いことは他の事案と変わりません。相談者から聴取した話が客観的な証拠と整合していれば、事実行為があったと認定される確度は高まります。ですから、相談者の話を聞きながら、同時に、それを裏付ける客観的な証拠があるか否かを確認するようにしましょう。客観的な証拠としては、ハラスメントの当事者の会話の録音、電子メール、SNSやLINEのメッセージのやり取り、通院記録等が考えられます。相談者が親族や知人に宛てた当該事案に関するメール等も証拠として利用できる場合があります。「自分が相談者の立場だったらどのような行動をとるだろうか」と想像しながら、丁寧に話を聞いていくことが重要です。客観的な証拠と相談者の話がある程度整合していれば、事件の見通しや、受任の可否を判断しやすくなります。

証拠収集における注意点

　ハラスメント事案の場合、証拠の収集が難航するということは珍しくありません。パワハラやセクハラは、密室で行われるあるいは突発的に行われることがあるため、録音等の客観的な証拠が乏しい又は客観的な証拠がないという場合もあります。

　客観的な証拠の1つとして、例えば相談者が、他の従業員らの面前で職場の上司からいつも罵倒されていたというパワハラ事案の場合、職場のほかの従業員らの証言を証拠とすることが考えられます。しかし、ほかの従業員らが在職中の場合、相談者に有利な証言をすると、今度は当該従業員が使用者から不利な取扱いをされることが想定されるため、証言を拒まれるということがあります。また、離職した従業員を証人とする場合でも、離職後も守秘義務を負っていることや、離職しても同じ業界で就業しているので、目立つ行動はしたくないという理由で、証言を

拒まれるということがあります。このように、証人による証言を証拠として収集することが難しいということがあります。ですから、証人の証言を証拠として確保できるのか否かについては、慎重に検討する必要があります。証言を証拠とすることができる場合には、当該証人と早期に面談するなどして、陳述書を作成しておくべきでしょう。

　ハラスメント事案では、相談者の供述しか証拠がないという場合もあります。このような場合には、相談者の供述が信用され得るものであるのかを慎重に見極める必要があります。相談者の供述しか証拠がない場合には、仮に提訴したとしても敗訴のリスクがあるということを相談者に十分説明する必要があるでしょう。

聴取方法についての注意点

　ハラスメント事案の場合、相談者からの話の聞き取りには十分な注意が必要です。相談者がハラスメントの被害者、特にセクハラの被害者である場合には、二次被害を生じさせないよう配慮しなければなりません。一方、相談者がハラスメントの加害者である場合には、相談者にとって都合の悪い事実は、相談者が話そうとしないということがあります。いずれの場合でも、話の聞き方や環境等を工夫して、相談者にとって有利な事実も不利な事実も明らかにしやすい状況を作り出す努力が大切です。

加害者？　被害者？

弁護士 5 年目　男性

「ベンゴシ」を貫いてしまうと…

　とある会社でパワハラの加害者の疑いをかけられた A さんから相談がありました。

　内容としては、自社の展示会を行った際に、部下である B さんと 2 名でアテンドをしていたところ、B さんが顧客に対してきちんとした案内をせず、だらだらとしていたため、顧客のいない場所に呼び出して強めに注意をしたところ、後日、会社の通報窓口に「パワハラをされた。胸倉をつかまれてどつかれた」という報告をされてしまい、人事部から、やんわりと退職を勧められたというものでした。

　A さんの言い分としては、自分はパワハラなどしていないし、暴力も振るっていないとのこと。

　弁護士であれば、このような話を A さんから聞けば、「そのような内容であれば、人事部からの退職勧奨は、明らかに退職の強要だ。ついては、退職勧奨を撤回させて、A さんの従業員としての地位を守らなければ」という思考になるのは当然で、一番最初に出てくる発想だと思います。

　しかし、この勢いで突っ走ってしまうと、後々取り返しがつかないことになりかねません。

メールを見せてもらう

　Ａさんの言い分は理解できたものの、いずれにせよ、「供述」のみに依拠して内容証明郵便を送ったりすることは得策でないため、とりあえず、人事部から送信されたメールを見せてもらうことになりました。

　当該メールを見ると、Ａさんの言い分とは異なり、Ｂさんの申告内容は、「展示会当日に、顧客の目の前で『なんでそんなこともできないのだ！』などと罵声を浴びせられたうえで、後で別の場所で胸を強く突き飛ばされた」ということになっているではありませんか。

　メールの内容について詳しく質問すると、Ａさんは、「顧客も少しはいたかもしれないが覚えていない」、「（胸を押した経緯について）近づいてきたので距離をとる目的で胸を押し返したことはある」とのこと。

　さらに驚かされたのは、人事部からのメール末尾には、「なお、先日ご提出いただいていた始末書では、会社都合での退職をご希望されていたようですが、現時点において、会社都合で退職を認めるべき事情はありませんので、再度ご検討ください」と記載されているではありませんか。

　この点についても質問すると、Ａさんからは、「確かに始末書は提出しろと言われたので提出した。実は、人事部が来る前に、所属部署のＣ部長から始末書を提出するように求められ、その記載内容として、『退職する』旨記載するように迫られた」ということでした。そのような顛末で作成された始末書であることは、人事部はおそらく知らないようです。

ハラスメントの加害者は被害者だった？

　その後もよくよく話を聞いていくと、どうやらＡさん自身も、Ｃ部長にミスがあるたびに指摘され、その度に業務上必要な範囲の指導を超えた人格攻撃を受けていた様子です。つまり、Ｃ部長のパワハラの被害

者だったのです。

　そうだとすれば、Bさんを怒鳴ってしまったことや、胸を押してしまったことについては、真摯に反省して、かかる行為に対する償いは行う一方で、会社に残り、仕事を続けるのであれば、C部長のハラスメントの問題を解決しなければ、Aさんのストレス要因が解消せず、結局またBさんや同じ立場の部下に対して、辛く当たってしまう可能性がありました。

　そこで、ひとまず弁護士介入をすることはやめて、まずは人事部に秘密を守ってもらえる前提で話を聞いてもらい、始末書に記載した「退職」云々の話は本心でないことを理解してもらうほかないということになりました。

都合の悪い部分や恥ずかしい話を聞くには

　その後、本件については、人事部の理解もあって、Aさんの退職はなくなり、異動のサイクルに乗るタイミングまで我慢した結果、C部長が別部署に異動することとなりました。そのため、Aさんは無事職を失わずに済み、Bさんとも和解できたというものでした。相談の最初の勢いで、受任通知を会社に送りつけてしまっていたらどうなっていただろうと思うと、ゾッとします。

　ところで、都合の悪い話や、恥ずかしい話、他人に話しにくい話を聞くためには、どうしたらよいかについては各弁護士のキャラクターや年齢にもよると思うので、「絶対にこうすればよい」というものはありませんが、実践してみていくつかコツがあるなと思った部分をご紹介します。

　まずは、相談者の話を遮ることなく、ひと通り全て聞くというものです。内容はどうあれ、「あなたの話、言い分を受け入れていますよ」というサインを示す行為だと思っています。

　次に、「私も人間で、つい、話を矮小化したくなってしまうのだけれ

ども、お医者さんと一緒で、『事実』をありのまま話してもらえないと適切な判断ができない」ということを、タイミングよく伝えるというもの。そんなのわかっているでしょというのは弁護士側のエゴかもしれないので、必ず言葉に出して伝えるようにしています。

　最後に、「その状況なら、私なら怒りに任せて突き飛ばしちゃうけど、実際我慢できました？」などと、自分が仮装の悪役になって、相談者に「その程度の悪さはした」のか「そんなにひどい悪さはしていない」のかいずれかを選んでもらうこと。もちろん、全くやっていませんというときには使えませんが、ある程度事実らしいという痕跡があれば、使ってみるとよいかもしれません。

体験談 2

セクハラ事件、裏付け証拠がない場合の信用性判断

弁護士 7 年目　男性

裏付け証拠がない！

　上場企業の役員（50代男性）が、その企業に勤務する従業員（20代女性）にセクハラをした事件について、セクハラを受けた女性から相談を受けました。

　事案は、依頼者が役員にしつこく食事に誘われ、一緒に食事に行ったところ、その帰りに役員が「トイレを貸してほしい」と言って依頼者の自宅に上がり込み、そこでわいせつ行為（具体的にはキスをしたり、胸を触ったり、陰部を押しつけるといった行為）を受けたというものでした。

食事にしつこく誘われたことについてはメールの記録が残っていましたが、自宅で受けたとされるわいせつ行為については密室での出来事であり、依頼者ご本人が話されていること以外に裏付けとなる証拠はありませんでした。

　話を最初に聴いたときは、役員が事実関係を全面的に否定してきた場合はどう立証すればよいのか、そもそも依頼者の話していることは事実なのかということが気になりました（Method 04 体験談 2、Method 07 体験談 2 と同一事例）。

セクハラ事件の聴取

　依頼者ご本人のお話だけしか根拠となるものがない以上、依頼者に対する聴取が極めて重要になります。

　ただご本人にとっては思い出したくもない事件であることに加え、当職が男性だったということもあり、正直根掘り葉掘り聞くことは憚られました。

　そこで、私はとにかく依頼者の話を途中で遮らないようにするということと（少しでもお話される意欲を削がないようにする）、質問は本当に必要だと考えられるものに限定して行うといったことに配慮して聴取を行いました。ただ、どういう聴取の仕方が正解だったのか今でもよくわかりません。

　私が聴取した限りは、特段依頼者が嘘をついているようにも、記憶違いをしているようにも思えませんでした。

　結論から言えば、役員は特段事実関係について争わず、依頼者が話していたことは基本的には事実であったようです。

　こういった裏付け証拠がない事件については、基本的にはご本人が話していることをベースに進めていくしかないと思います。

　ただ疑問点が生じた場合には、依頼者に対する聴取を通じてそれをできる限り解消するよう努める必要があると思います。

　もっとも、これをやりすぎると依頼者に、この弁護士は自分のことを信用していないのではないかと思われかねないことから、さじ加減が難しいところだと思います。

基本的には刑事事件における供述証拠の信用性判断と一緒？

　セクハラ事件についても、信用性の判断は、供述内容の具体性、迫真性、一貫性、供述態度等によって判断していくことになるでしょう。ですから、基本的には刑事事件における供述証拠の信用性判断と一緒ではないかと思います。

　もっともセクハラ事件においては、特に依頼者が被害者の場合、その心情等に対する配慮が必要であるとともに、特に裏付け証拠がない事件については、一歩誤れば全く架空の事件を弁護士が取り扱っているということにもなりかねません。訴訟を提起して準備書面等でその事実を主張すれば、公然性の要件を満たし、名誉毀損になりかねませんし、弁護士に対して懲戒請求されるリスクもあります。いずれにせよできる限り慎重に事実認定を行い、相手方との交渉等を進めていくことが求められることになると思います。

ワンポイントアドバイス

依頼者にとって不利な証拠が出てきたら

　ハラスメント事案で被害者の代理人になった場合、交渉や訴訟の過程において、加害者から、被害者にとって不利な証拠が提示されることがあります。例えば、セクハラ被害を申告しているにもかかわらず、被害

者が加害者に対し好意を示すメッセージを送信しており、そのメッセージが証拠として提出されるような場合です。このような場合は、まず依頼者に対し、そのメッセージを送った理由を確認する必要があります。どのようなシチュエーション、どのような意図でそのようなメッセージを送ったのかを確認し、被害の申告と矛盾せず合理的な説明がつくか否かを慎重に検討しなければなりません。ハラスメントに遭った被害者の心理としては、それ以上被害に遭わないようにあえて迎合的な態度をとったり、自己に不利益が生じないようにあえて好意的な態度をとることもありますので、このような証拠があるからといって、直ちに被害申告にかかる事実の存在を否定するものではないということを念頭に置いておく必要があります。

Method

02

相談段階〜被害者側②〜

▶ ハラスメント相談はよろず相談

——労働者側でハラスメントに関する相談を受ける場合、労働者の訴える事案の把握だけでなく、医療機関のかかり方、休業する場合、その方法、休業中の収入確保手段といった相談も受ける。最終的にはハラスメントがあった職場に継続して勤務するのか、それとも退職するのかという重い相談にも対応することが必要となる。

職場のハラスメントによって
心身の異常があるという相談を受けたとき

　相談者である労働者から、心身の異常は職場でのハラスメントが原因であると考えているがどうすればよいかという相談を受けることがあります。

　このような相談に対しては、相談者である労働者の訴えが明らかな誇張によるものであれば別ですが、まずは医療機関で診察を受けるよう勧めます。「原因がハラスメントか否かは後でジャッジしてもらえるから最初からあまり心配せずに、まずは自身の健康を確保することが優先である」、「心身の異常を除去・緩和する治療に専念するように」と助言します。事案の把握には労力を要しますが、それに徹するだけではなく、労働者を元気づける言葉をかけることも時には必要だと思います。

診断書の内容についての相談

　受診前あるいは受診直後では、法的により有利な補償を受けるため診断書にどう書いてもらったらよいのかという相談を受けることもあります。私の場合、診断は資格外のことですから、基本的には診断書の内容は医師にお任せするほかないと答え、このように書いてもらったらよいですよとまでは答えないようにしています。メンタル不全を訴えるケースで、所見欄に「職場のハラスメントにより上記傷病となる。○週間の加療を要する」などと原因について判断しているような診断書を見ることがあります。しかし、労働者側の立場であっても、このような診断書の記載をもって、メンタル不全の原因が職場のハラスメントにあると判断するのは結論を焦りすぎだと思います。診断書を作成した医師としても職場で患者（労働者）が具体的にどのようなハラスメントを受けたのか、専らそれが傷病の原因であると判断できるだけの材料を与えられていないと思われるからです。そのような診断書の立証趣旨は、たとえ労働者側であっても、「労働者が○年○月○日、医師によって抑うつ状態と診断されたこと。労働者が心身の異常を訴え始めた初期段階から職場でハラスメントを受けていると訴えていたこと」などと客観的に捉えるようにした方が、他の争点における主張の説得力も落とさずに済むのではないでしょうか。

在籍中で心身の異常のため休業が必要な場合

　相談者である労働者が在籍中の場合は、心身の異常のために出勤できる状態にないがどうしたらよいかという相談も受けます。

　休業の仕方については、企業によって異なりますが、大別して、業務上の傷病による休業と業務外の傷病（私傷病）による休業があります。相談者が、不調は職場のハラスメントが原因であると訴えているケースでは、業務上の傷病による休業であるとして申出をする方が整合すると

いえそうですが、受け付ける使用者としても、労災認定どころか労災申請もしていない段階では、明らかにメンタル不全の原因となるハラスメントがあったことを把握している場合を除き、業務上の傷病による休業として扱うことはまずないでしょう。

　休業の理由・種類について、交渉を経て業務上の傷病によるものとして扱ってもらえればよいのですが、労働者自身が勤務先担当者と交渉すらできない状態にあることが多いでしょうし、回復すれば復職したいと労働者が希望している場合に、あまり早くから弁護士介入するのも望ましくないケースもあります。暫定的に私傷病休業として扱うことで妥協することが多いように思います。

休業・休職期間中の収入確保について

　休業が長期化するときの取扱いは企業によって異なりますが、比較的多くの企業が、①労働者が一定期間休業、②使用者が就業規則等で定められた期間又は都度定める期間の休職を命じる、③休職期間を満了までに回復する等して休職事由が消滅すれば復職し、休職事由が消滅しないときは自然退職とする仕組みを採用しています。他方、休業・休職期間中の賃金について、就業規則で恩恵的に一定期間、一定割合の賃金支給を保障する例もありますが、ほとんどが無給です。

　ですから、労働者側では休業・休職期間中の収入確保手段についても相談を受けることになります。

　この点、職場のハラスメントが原因で休職を余儀なくされたと訴えているケースでは、労災の休業補償の申請をするのが一貫するのですが、労災申請に必要な使用者の証明を得て、認定、支給を受けるまでには一定期間を要するので（特にメンタル不全の場合、判断が容易でないということもあり決定までに長期間を要します）、労働者に預貯金がないときや家族等の支援を受けられないときは、労災申請だけに頼るのは不安ですし、危険です。体験談１では、労災申請をするか傷病手当金を選択

するかの検討過程が書かれています。

　上述のとおり暫定的に私傷病休業・休職の扱いとすることで妥協する場合も含めて、傷病手当金（健康保険法99条）の申請を検討します。就業不能4日目から、就労不能日1日当たり標準報酬日額の3分の2に相当する金額を受給できることになっています。

加害者のいない就業場所の勤務や軽作業の申出について

　労働者の症状が軽く、就業不能とまではいえない場合はどうでしょうか。例えば、ハラスメントの加害者がいない職場や軽作業であれば勤務できそうだという場合です。

　前者については異動命令が必要な場合（例えば、勤務地や部署を変更する場合）と不要な場合（例えば、座席を変える程度で済むような場合）があると思います。いずれにしても使用者の人事権の発動や措置、配慮を求めることになります。代理人として弁護士が介入できる場合であれば、使用者に対して働きかけるのがよいでしょう。体験談2では、代理人が熱心に就労継続できるよう活動したケースが紹介されています。

　後者については、労働契約上の債務の本旨に従った弁済提供（民法493条）がなされているか、使用者が労務の受領拒絶をしたときに労働者は賃金請求権を失ってしまうのかが争点になると考えられます。この点、裁判例の中には、「異動の実情及び難易等に照らして当該労働者が配置される現実的可能性があると認められる他の業務について労務の提供をすることができ、かつ、その提供を申し出ているならば、なお債務の本旨に従った履行の提供があると解するのが相当である」とするものがあります（片山組事件・最判平成10年4月9日最高裁判所裁判集民事188号1頁〔28030784〕）。

　具体的には、労働契約上、勤務地や職種・業務内容を限定する特約があるかを確認する必要がありますが、そのうえで、軽作業を申し出るに

至った経緯（ハラスメントの有無・程度等）、傷病の内容・程度、回復の見込み等に関する事情を主張することになると思われます。

退職するかどうか

悩ましい問題ですが、労働者の年齢、家族構成、家族の収支状況、支援を受けられる可能性、労働者が現在の勤務先からしか同等以上の収入を得ることが難しいか、再就職の可能性、ハラスメントの是正・改善措置によって復職後も良好な就労環境を期待できるのか、（退職する方向で調整する場合）復職後の解決金額をはじめとする解決条件が妥当かどうか等さまざまな事情を総合的に考慮して判断することになるかと思います。

体験談 1

職場のいじめが原因だと主張していたが、傷病手当金の申請をしたケース

弁護士5年目　女性

適応障害の原因が職場のいじめだと主張しているケース

ハラスメント事件そのものを受任したわけではないのですが、債務整理の相談で、上司から暴力を振るわれる、同僚から物を隠されるといった職場でのいじめが原因で適応障害となり、会社に出勤できなくなってしまったという方がいました。

この方について、会社に対する賠償請求をして負債を補てんするか、補てんができない場合には破産をしなければならない状況でした。相談者本人には会社に戻りたいという希望もなく、会社相手に訴訟をするという意向もないようでしたが、法律相談に同席していた相談者の家族はすでに何度か会社と話をしていたようで、会社への賠償請求も視野に入れているようでした。

　また、賠償請求か破産かという話とは別に、職場のいじめが原因の傷病ですので、休職中の生活の維持のため、労災保険の休業補償を受給したいと考えました。

労災保険の休業補償と健康保険の傷病手当

　傷病による休職中の生活費の確保について、傷病が業務に起因するものと考える場合には労災保険給付、私傷病の場合には健康保険の傷病手当金を申請します。

　労災認定されるということは発病の業務起因性が認められたということを意味するため、その後の加害者に対する不法行為責任や、使用者に対する使用者責任及び安全配慮義務違反に基づく損害賠償請求時の因果関係が認定されやすくなるといえそうです。労災保険による療養補償を受けている場合には、休業期間中とその後30日間は、打切補償を行う場合を除き解雇できない、休職期間満了後復職困難な場合には自然退職する旨定められている場合においても雇用契約の終了の効力が否定される（労働基準法19条）等、地位保全という意味でも労働者に有利に働きます。

傷病手当金を選択

　しかし、相談者の話をよく聞いていくと、相談にいらした際には欠勤

が始まってからすでに時間も経過していて客観的な証拠はないということで、いじめ自体の立証が困難と思われました。このため、労災認定を受けられる見込みはあまりないと判断し、健康保険に傷病手当金の申請を行うことにしました。

　なお、賠償請求により返済資金を確保することは困難であるため破産申立てを行うことにしましたが、傷病手当金や労災給付を受ける権利は差押禁止債権ですので、破産との関係では自由財産となります。

会社とのやり取りが必要になることに注意

　傷病手当金申請の際には、都度事業主の証明欄を会社に記入してもらう必要がありました。これが労災申請の場合には、事業主が証明を拒否するときはその旨の上申書を添付することで足りるのに対し、傷病手当金の場合にはそのような取扱いがありません。

　相談者の病状に鑑みると、会社に対し協力を仰ぐのは難しく、毎回弁護士である私が間に入って記載をしてもらいました。大企業だったので、人事部と直接やり取りする形で記入してもらうことができましたが、もし体制が整備されておらず、制度への理解が不十分な小規模の会社等と関係悪化後にやり取りするとなると難しかったかもしれません。

　その他、給与支払いのない休職期間中も、社会保険料の自己負担分は標準報酬月額に応じて毎月支払う必要があります。傷病手当金の支給を受けるにあたっては、通常給与から控除して支払われている健康保険料の本人負担分を健康保険組合に支払わなければなりません。これも会社経由での支払いとなりますので、労働者にとって負担が大きいと感じました。

退職するか？ 在籍したまま戦うか？

弁護士7年目　男性

事案の概要

　労働者からパワハラの事案について相談を受けた際、まだ労働者が会社を退職していない場合には、こちらから退職届を提出するか、それとも在籍したまま各種の請求をするのか、難しい判断を迫られるケースが多々あると思います。1つの体験談を紹介します。

　依頼者は、保険代理店業務を営む株式会社（以下「相手方」といいます）の営業職として勤務していました。依頼者の勤務体制は、週のうち4日間がいわゆる外回り営業で、1日だけ事業所に出勤して執務するというものでした。

　相手方の代表者は、依頼者に対し、日頃から業務指示の範疇を超える暴言を吐いたり、社内の連絡用メールでも依頼者の人格を否定するような文章を繰り返し送信してきていました。

　依頼者は、相手方の代表者と会うのが怖くなり、週1回の事業所への出勤を無断で休みました。これに相手方の代表者は激昂し、依頼者に対してメールで「いつまで会社にいるんだ？」などと退職を促すかのような通知をしてきましたが、依頼者は「退職するつもりはない。外回り営業は今までどおり続けるが、事業所への週1回の出勤については休ませてほしい」と返答し、担当顧客との連絡などは引き続き実施し、相手方に対して毎日業務報告のメールを入れていました。

　その間にも、相手方代表者は、社内の業務連絡用メールで、依頼者の人格を攻撃するような言葉で依頼者を非難し続けていました。相手方の他の従業員も、それに追従するかのような対応をするようになり、依頼

者が事業所への出勤をしなくなってから約２か月後、依頼者への事前の通知なく会社の顧客管理システムのログインパスワードを変更し、依頼者がそのシステムにログインすることができないようにしてしまいました。

　そのような状況下で、私は依頼者からの相談を受けました。

退職するか？　戦うか？　相手とのせめぎ合い

　相談を受けた段階で、依頼者は、相手方を退職するか、それとも相手方への勤務を続けるかを決めかねていました。

　私は、ひとまずこちらから退職届を提出することはせず、相手方に対し、顧客管理システムへのログインパスワードを開示することと、未払いとなっている約２か月分の賃金を支払うことを求める内容証明郵便を発送しました。

　これに対し、相手方は、「依頼者が事業所への出勤を怠ったことを理由に、就業規則に基づいて、依頼者に対して休職命令を発している。ログインパスワードの変更もその一環であり、出勤を再開できなければ休職命令を解除するつもりはない」と主張し、休職期間中の賃金の支払いにも応じませんでした。

　これを受けて当方は、二度目の通知として以下のような連絡書を送付しました。まず、休職命令の点については、「そもそも依頼者が週１回の事業所への出勤ができなくなったのは、相手方の責めに帰すべき事由による業務上の疾病が原因であり、休職命令を発する根拠を欠いている」と主張し、証拠として相手方代表者から送られてきたメールの履歴を提出しました。それとあわせて、「依頼者が事業所への出勤を再開するためには、相手方がパワハラの事実を認め、二度と同様の行為を繰り返さないことを謝罪・誓約し、慰謝料と未払賃金を清算することが前提である」として、処遇改善と解決金の支払いを要求しました。さらに、相手方が発した休職命令の終期も近づいていましたので、それが到来し

た後、相手方としては依頼者を解雇するつもりなのか、それとも業務復帰を指示するつもりなのかを明らかにするよう求めました。

その後もこちらから数々の証拠を提出したものの、結局相手方の返答は変わらず、解雇するかどうかの点についても明確な意思表示を行いませんでした。相手方は、こちらが音を上げて退職届を提出するのを待っているような態度でした。

反省点

最終的にこの件は、依頼者の転職活動が成功し、新しい職場にフルタイムの正社員として勤務することが決まったため、当方から退職届を提出することとして一応の決着を迎えました……。

しかし、依頼者が週1回の事業所への出勤を休んだことが、相手方の責めに帰すべき事由によるものであることをもっと効果的に立証することができれば、結末は変わっていたかもしれません。

依頼者は、事業所への出勤を休むようになった後、1回だけ精神科を受診したことはありますが、その後は特に通院をしておらず、また労災保険の給付申請も行っていませんでした。そのため、相手方のパワハラによって依頼者がどれほどの精神的苦痛を被ったのかという点については、客観的な資料が乏しかったのです。

未払賃金を請求するためには、労働者が、「債権者（使用者）の責めに帰すべき事由によって債務（労務の提供）を履行することができなくなった」ことが要件となります（民法536条2項本文）。使用者側が解雇の意思表示を明確にしていない場合には、その他の事実の積み重ねによって使用者の帰責事由による就業不能状態であったことを証明しなければなりませんが、その際に、精神的苦痛の程度が大きいことを示す客観的資料があることは、労働者にとって非常に有力だと思われます。

本件では、「債権者（使用者）の責めに帰すべき事由」＝パワハラの存在については豊富な資料があったものの、それによって「債務（労務

の提供）を履行することができなくなった」という点については客観的資料が乏しく、休職命令の不合理性についても十分な説明ができなかったため、相手方の強気な交渉態度を打ち破るところまではいきませんでした。

　退職するか否か？　の選択にあたっては、依頼者の意向や、依頼者自身が感じている（主観的な）精神的苦痛の程度を考慮に入れるのはもちろんですが、その苦痛の内容を客観的資料によりどの程度立証することができるかという点も考慮しながら、最終的な解決の水準とそれに向けた手続の流れを予測して判断する必要があると実感しました。

　経験の少ない若手弁護士にとっては非常に難しい判断ですが、事件の帰結と依頼者の利益に直結する重要な問題ですので、私自身、これからも退職するか、在籍したまま戦うかの選択のための感覚を磨いていきたいと思っています。

ワンポイントアドバイス

休業・休職期間中の相談

　ハラスメントの被害を受けてから間もない時期に相談を受けた場合は、労働者やその関係者と向き合う期間も長期間になりがちです。事案のステータスをずっと把握しておく必要もありますし、労働者からは心身の状況について聞き取る機会が増えます。相談を受ける弁護士側としてもメンタルを健全に保ち、心の余裕をもっておく必要があると感じます。

　また、体験談１にも記述がありますが、休業を選択した場合でも社会保険料の自己負担部分の支払いが必要になりますので、この点も労働者に対し適切な説明が必要になります。

03 | 相談段階〜被害者側③〜

▶ 会社辞めるか、続けるか

——パワハラやセクハラを受けている労働者の状況は、身体的側面・収入関係・家庭内の事情等においてさまざまである。心身ともにダメージを受けている依頼者に寄り添いながら、解決の道筋を探るにはどうすればよいのか。

さまざまな状況があることが前提

　退職すべきか、会社にとどまるべきか、一概に、弁護士を含め第三者があるべき方向性を決めてしまうことは避けるべきです。実際、本人が置かれた状況はさまざまであり、第三者が判断できるほど簡単なものではありません。客観的には退職すべきであっても、本人や家庭の経済的状況から選択することが難しい場合がある一方で、逆に退職する必要はないと思われる状況であっても、本人が退職を強く希望する場合もあります。

退職のメリット

　退職すべきかどうか検討するうえで、まず何よりも忘れていけないの

は、退職により、本人がそれまでハラスメント被害を受けていた環境から切り離されることで、心身の安全を確保し、精神的・身体的ダメージから回復する大きな契機を得られることです。

　ハラスメントの被害を受けている労働者は、問題化して職場での居心地が悪くなることを懸念したり、加害者からの報復を恐れたりする等の心情により、相当程度の忍耐を自らに課してしまうことが少なくありません。弁護士はもちろんのこと、家族や周囲の友人・同僚らに相談できなかったという相談者は多く、ここまで我慢してきたのかと弁護士の方が驚かされるケースは、予想以上に多いものです。また、自己の精神的な防衛のために、無意識のうちに大したことはないと思い込んでしまい、自分で思っている以上のダメージを受けていることが往々にしてあります。ハラスメントが心身に与える悪影響は、本人や周囲が思っているよりも大きいことを前提に、相談者に接することが不可欠です。このことからすると、退職は本人の心身の回復にとっては最も近道であるといえるでしょう。

　また、退職により会社との関係が終了するため、会社での本人に対する有形無形の影響を心配することなく、効果的な法的手段を選び得るようになる点で、代理人としては事案の解決を図りやすい方法だとはいえます。退職してしまえば、警察に被害届や告訴状を出すという、事件を刑事事件化することで、加害者や会社の適切な対応を引き出す効果を狙う手段も、比較的選択しやすくなるでしょう。

退職のデメリット

　経歴、年齢、職種や就業地域等、さまざまな要因により、再就職の容易さには差異があり、退職には相応のリスクが伴います。特にメンタルヘルスに不調を来している場合には、回復に長期間を要することも少なくなく、一度退職することによって社会との接点を失い、円滑な社会生活の継続が困難になることも考えられます。本人が、本来は退職を望ん

でいなかった場合には、敗北感や虚無感を抱えてしまう可能性もあり、それが早期の社会復帰を妨げる要因にもなり得ます。

在籍を継続するメリット

　在籍を継続するのであれば、収入面は確保され、従前の生活を維持することはできます。また、ハラスメント被害を会社に訴えた後、会社が速やかに調査を行い、加害者を配置換えする等の適切な措置をとることで職場環境が改善された場合には、現場での改善状況が目に見えるため、被害者の満足度は高くなるといえます。ただし、次に述べるデメリットとも関係しますが、加害者を配置換えする余地のない小規模の事業体の場合には、加害者と従前どおり職場で顔を合わせなければならない可能性が高く、精神的には過酷な状態が継続することになる点には十分に注意する必要があります。

在籍を継続するデメリット

　ハラスメント被害の相談をした社員に対して、会社が解雇その他の不利益を与えることは法的に禁止されています。2022年4月からは中小企業に対してもパワハラ対策が義務化されるなど、ハラスメント対策は法的に強化されており、在籍を継続することに理論的にはデメリットはありません。
　しかし、法的に守られているとしても、実際にはさまざまなマイナスが生じる可能性があります。
　会社がハラスメント申告に対して意図的な隠ぺいを行ったり、被害者に不利益を与えたりすること等が禁止されていても、実際に行われてしまえば、被害者は更なる被害を受けることになります。
　また、そのような意図的な行為でなくても、ハラスメントの有無・内

容についての調査は、会社における調査能力や調査技術の未熟さ、証拠資料の不足等の点で困難を伴うことが多く、会社がハラスメントの実態の把握に時間を要したり、結果的にハラスメントの認定ができなかったりする可能性があります。その場合には、職場環境が変わらず、加害者との接触が継続するおそれが否定できず、それにより心身へのダメージは当初よりも増大することも考えられます。加えて、職場に居づらい雰囲気になり孤立することになれば、就業の困難性が解消されたとは言えません。

　さらに、加害者からの報復は、不法行為ないし新たなハラスメントとして損害賠償請求の対象にはなり得ますが、これも実際に行われてしまえば、いくら事後の救済策があるといっても、被害者が更なる心身のダメージを受けることは避けられません。

本人の希望に従えばよい？

　この Method 03 の冒頭で、退職すべきか、会社にとどまるべきかについて、一概に第三者が決めることは避けるべきと述べましたが、他方、本人が在籍を希望していたとしても、事態を過小評価することで自己防衛を図る精神状態に陥っていたり、特にメンタルヘルスに不調を来しているような場合には、正常な判断が妨げられていることも考えられます。その場合、相談を受けた弁護士としては、状況を把握したうえで、相談者の心身の安全を確保するために、在籍にこだわることなく退職してから戦うという選択肢もあり、その選択肢をとった場合の経済的補償も受け得ることを丁寧に説明することが必要となるでしょう。まずは休職することを勧め、心身の回復状況に応じて、会社と交渉するという方法もあります。まさに個別ケースに即した判断が求められる場面です。

本人の意思をどう尊重すべきか

弁護士 5 年目　男性

初回相談時には決められない

　依頼者は、勤務先の上司からセクハラを受けており、相談に来ました。依頼者から聞き取った限り、セクハラの内容は日常的とまでは言えないものの、悪質なものでした。

　退職してしまってはその後の依頼者の経済不安が大きくなってしまいます。仕事の内容や条件にも満足していることから、退職するという判断は積極的にはとれません。他方で、辛そうにセクハラの内容を話す依頼者を見ると、退職せずに対応を進めるのは難しそうだと考えざるを得ませんでした。

　そしてやはり、依頼者から「先生、退職しないと請求は進められないでしょうか」という質問が出ました。

　私は正直に、「退職せずとも、請求をすることは可能です。早期に対象の上司との接触を回避するように請求もします。ただ、会社側が迅速に対応するかはわからず、場合によってはあなたが法的には禁止されているはずの不利益な配置転換措置を受けてしまうかもしれません。また、不自然な措置や異動にも見えるので、周囲からの視線も気になってしまうかもしれません。会社と争う手前、そもそもの気まずさも否定できません」と伝えました。

　依頼者は考え込み、「すぐに決めなければいけませんか」と言ったので、私は、「この場で、とは申し上げません。請求をする以上、辛さから退職せざるを得ないかもしれないということを念頭に、よく考えてみてください」と伝えました。

退職せずに戦います

　数週間後、依頼者から再度連絡を受けました。事情を聞くと、上述の相談後の検討期間中にも対象の上司からセクハラを受け、請求をする覚悟を決めたこと、会社を辞めることになっても構わないと腹を括ったが、今後の展開次第で辞めるかどうかを決めたいということが確認できました。

　早速、内容証明送付の準備のため、再度来所してもらい、セクハラの内容を確認していきました。

　依頼者は涙ながらに、しかし具体的に事実を話してくれました。

結果的に請求してよかった

　内容証明を送付後、会社と交渉に入りましたが、会社としてはセクハラの事実を確認できないため損害賠償には応じられないとしつつも、配置転換による配慮を行う旨の提案を受けました。

　その提案内容を依頼者に確認したところ、興味のあった部署であったことから、その条件を受け入れるとのことでした。また、内容証明が会社に到達したであろう後から、対象の上司は一切接触してこないようになったとのことでした。会社がヒアリングとともに接触禁止の釘を刺したものと思われます。

　依頼者としては、セクハラから解放され、退職しなくて済んだ結果に満足しているとのことでした。

　会社は損害賠償には応じませんでしたが、依頼者が請求を行うことの覚悟は汲んでくれたものと感じました。

退職できない

弁護士 10 年目　女性

その会社に残りますか?

　相談室の扉を開けると、そこには若い男性とその父親らしき人が座っていました。若い男性は顔面蒼白。一方の父親は、ひどく動揺している様子でした。相談の内容は、「会社を退職した方がよいのかどうか悩んでいる」というものでした。息子である男性が相談者、父親は付き添いということでしたが、主に父親が事情を話し、男性は虚ろな目をして黙っていました。

　父親の話によると、相談者は従業員 20 名位の小さい会社に勤務しているところ、社長から長時間残業を命じられほとんど帰宅できず、帰宅できたとしても、夜中でもお構いなしに社長から電話で呼び出され、会社に戻って仕事をさせられたり、社長の私用に付き合わされたりするというのです。もちろん残業代は支払われていませんでした。それどころか、社長は、就業中に他の社員の面前で相談者を罵倒するなど、パワハラ行為も繰り返していました。相談者は、就職活動に苦戦し就業先が見つからずに困っていたところ、もともと知り合いだった社長から声をかけられて、やっとの思いで入社したという経緯があったために無理を重ねていたようですが、次第に不眠に陥り食欲も減退して体調を崩してしまい、とうとう出社できなくなりました。息子の異変に気づいた父親は、息子から事情を聞き退職するようアドバイスしたらしいのですが、当の本人は頑として退職を拒否しているというのです。その理由は、社長から、もし辞めるなどと言い出したら損害賠償請求をしてやると脅されている、住所も知られているし何をされるかわからない、怖くてとても退

職などできないということでした。

　目の前にいる相談者の顔色や表情からすると、一刻も早く退職して、まずは心身の回復に努めなければならない状況であり、その会社で就業を継続するという選択肢はないように思いました。私は、労働者には退職する自由があり一方的な意思表示で退職できること、会社が万が一損害賠償請求をしてきた場合には、その内容に応じて適切に対応すればよいこと、社長の行為は明らかにパワハラであり、むしろ会社に対し損害賠償請求できるということを説明しました。父親は納得した様子で、息子に対し、やはり退職した方がよいとアドバイスしていました。しかし、相談者は、その場で結論を出すことはできず、2人は帰っていきました。

会社を簡単に辞められない気持ち

　数日後、父親から電話で連絡がありました。本人がようやく退職する決意をしたので、今後のことをあらためて相談したいというものでした。その後、会社に退職届を送付し、相談者が心身ともに回復するのを待ってから、会社に対する未払残業代金及び損害賠償請求訴訟を提起し、最終的には和解で決着に至りました。相談者は、会社から離れたことで心身の健康を取り戻し、最終の決着にも納得したようで、最初に相談に来た時とは別人のように表情が明るくなったのが印象的でした。

　弁護士からすると、使用者が労働者を解雇するのは難しいが、労働者が退職することはさほど難しいことではないという感覚があります。本件のように本人の心身に支障を来しているような事案では、まずは退職して心身の回復を図ることが先決なように思います。しかし、労働者の中には、そもそも会社が合意してくれなければ退職できない、と誤解している人が相当数います。再就職の困難さ等からして、退職はできるだけ回避したいという人もいます。私たちが行うべき「アドバイス」には可能性としてとり得る法的手段の提案のみならず、相談者が納得できる手段を提案することも含んでいます。このことを念頭に置いて、事案に

あたらなければならないということを実感した事件でした。

外部相談窓口の効果的な利用

　体験談にもあったように、労働者の中には会社が合意してくれない限り退職できないと思い込んだり、会社から退職するなら損害賠償請求をすると言われたり、退職できないこと自体を悩んでいる人が予想以上に多くいます。ハラスメント被害を受けている労働者は、加害者からそのようなことを言われるケースも多く、弁護士でもそれ以外でも何らかの相談窓口に早期に相談してもらえたらよかったのにと歯がゆい思いをすることも少なくありません。また、複数の第三者の意見を聞くことで、相談者が在籍か退職か決断する一助ともなり得ます。労働施策総合推進法では、2022年4月から中小企業においても社内窓口の設置が義務化されますが、社内窓口に相談することに抵抗を感じる場合には、外部の相談窓口もあることを、弁護士としても積極的に情報提供していければよいのではないでしょうか。

　外部の相談窓口として、各都道府県労働局及び労働基準監督署の総合労働相談コーナー、ハローワーク、「みんなの人権110番」（全国共通人権相談ダイヤル）、「こころの耳」（働く人のメンタルヘルス・ポータルサイト）等、厚生労働省ホームページ「厚生労働省委託事業　ハラスメント悩み相談室」（https://harasu-soudan.mhlw.go.jp）に各種相談窓口が掲載されています。

▶ **ズルズル交渉は御法度です**

――ハラスメント被害に関する相談を受けた場合、被害者側の弁護士としては、当該事案において交渉にどこまで時間をかけるのか、どのような状況になったら労働審判や訴訟に移行するのかという基準を明確にもっておくべきである。その判断に際しては、交渉で何を得るのかという獲得目標を明確にしておくことや、被害者は労働審判や訴訟といった手続におけるさまざまな負担に耐えられるのかという点も考慮することが必要である。

証拠関係を早期に把握しよう

　ハラスメントの相談を受けた際、まず行うべきは「どのような証拠があるのか」という確認です。メールや録画など、客観的にハラスメントの様子を立証できる証拠があれば、ありがたいところです。
　しかし、ハラスメント被害は閉鎖された環境で行われることが多いため、そのような客観的証拠が乏しい傾向があります。そのため、被害者や第三者の証言という人的証拠をベースとせざるを得ないことがしばしばあります。そういった場合、関係者と面談し、ハラスメントが行われていたことについて、後で「言った言わない」の争いにならないように、言質をとっておきたいと考えることもあるでしょう。その際に考えるべ

きは、秘密録音の可否という問題です（こちらについてはワンポイントアドバイスで扱います）。

　いずれにせよ、相談を受けた際には、証拠関係を早期に把握し、立証計画を描くことが肝要です。

残業代の消滅時効に気を付けよう

　さらに、被害者側弁護士としては「時効」に注意すべきです。

　というのも、ハラスメントが問題となる事案では、職場環境が整備されていないことが多く、その結果、長時間労働がなされても適切に残業代（割増賃金）が支払われていないことがしばしばあります。そういった事案では、ハラスメント被害に対する損害賠償請求とは別に、未払いの残業代も請求していくことになります（なお、相談者は相談段階では未払残業代があるということを理解していないことがありますので、念のため確認しておいた方がよいでしょう）。

　この点、未払残業代の消滅時効は、2020年3月31日までに発生したものについては2年、2020年4月1日以降に発生したものについては3年です。そして、残業代の時効の完成日は、その対象期間の給与の「支払日」であるとされています。

　例えば、2020年4月1日から同月31日までの給与の支払日が同年5月20日である場合は、かかる給与期間に発生した残業代の時効は同月21日から進行し、「2023年5月20日」に時効が完成することになります。同様に、2020年5月1日から同月31日までの給与期間に発生した残業代の時効は同年6月21日から進行し、「2023年6月20日」に時効が完成することになります。このように、残業代は毎月ごとに消滅時効が完成していってしまうということを理解しておく必要があります。

　そのため、ハラスメントだけでなく残業代の請求についても受任した場合は、早急に内容証明郵便によって催告を行い、その後6か月以内に交渉がまとまらない場合は、司法手続に移行する必要が出てくることに

注意しましょう。

交渉で何を得るのか、獲得目標を明確にしておこう

　ハラスメント事案の場合、加害者に協議を持ちかけたところ、事が大きくなることを嫌って加害者がすぐに非を認め、早期に和解が整うこともあります。

　他方で、加害者が非を認めない場合もあります。そのような場合に、客観的証拠もなく「被害者は被害を受けたと言っている」と主張を繰り返しても、お互いの主張は平行線をたどるばかりでしょう。このような場合に、だらだらと交渉を続けていても事態は進展しません。

　重要なことは、交渉で何を得るのかという獲得目標を明確にしておくということです。「この条件を提示して、妥結できなければ労働審判に移行しよう」といったように、解決に向けたロードマップを自分の中で描いておくことが重要です。

　特に、ハラスメント被害者は、精神的に傷ついていることが多いため、交渉をだらだらと続けて紛争を長期化させるという事態は避けるべきでしょう。

被害者は労働審判や訴訟に耐えられるか

　手続選択をするにあたっては、依頼者がかかる手続の「負担」に耐えられるかという点を考慮する必要があります。

　まず、労働審判は、労働者と事業主（＝会社）との間の紛争を扱う制度であるため、ハラスメント加害者個人を相手方とすることはできません。そのため、事業主に対して職場環境配慮義務や使用者責任を追及しつつ、利害関係を有するものとして加害者を参加させる旨の上申書を提出することが考えられます（労働審判法29条2項、民事調停法11条2

項）。このように、ハラスメント被害を労働審判で扱おうとすると、どうしても事業主（＝会社）を巻き込む必要が出てくることに注意しましょう。

　また、労働審判手続は「対質」で行われるため、労働審判官1名・労働審判員2名のほか、申立人・申立人代理人と、相手方・相手方代理人が1つの部屋に一堂に会して、労働審判官1名・労働審判員2名からの質問に答えていくことになります（筆者は対質ではない労働審判を一度経験したことがありますが、それは極めて例外的な事例です）。しかし、ハラスメント被害者が「加害者と同室することは精神的に難しい」と言うことは、しばしばあります。

　また、訴訟の場合は、加害者個人を訴えることは当然できますが、他方において、被害者の証言ベースで立証しようとすると、最終的には被害者に裁判所で証言をしてもらう必要があります。ハラスメント被害を法廷で証言するというのは、被害者にとって多大な精神的な負担となることは想像に難くありません。

　被害者側弁護士としては、被害者がそれらの負担に耐えられるかをあらかじめ見定めておく必要があります。

体験談1

交渉にどこまで時間を費やすか？

弁護士5年目　男性

交渉の準備

　依頼者は、勤務先の上司から長期間にわたるパワハラを受け、退職した後に相談に来られました。この勤務先では当該上司によるパワハラが

常態化しており、同僚の方も同時期に退職し、一緒に相談に来られました。

　依頼者は心療内科にも通院していたため、診断書の確保等をアドバイスするとともに、パワハラの具体的内容を聞き取り、損害計算をして、まずは内容証明による請求（交渉）の準備を進めました。

証拠は心配なし

　一般的に、パワハラ発言やパワハラ行動は突然行われるものであり、証拠確保が難しいこともあるのですが、ここで幸いであったのは、依頼者の2人が相互にパワハラ被害の証言を補強できることでした。この点は大きかったです。

　また、依頼者の2人は日記（メモ）もつけていたので、パワハラの事実摘示に迷うことはなく、むしろ優先順位をつけて取捨選択することができました。

　さらに、依頼者は退職前に相手方社長に直談判し、謝罪も受けていたことから、否認することはないだろうと見通せました。

交渉の余地なし……？

　パワハラ内容は取捨選択しつつもある程度具体的に記載した内容証明を相手方に送付したところ、相手方も代理人弁護士を付け、「一度代理人間でお話をしましょう」と提案があったため協議の場をもつことになりました。

　私は、「場合によっては一定の金銭解決の提案があり得るかも」と考えつつも、依頼者と相談し、対応は準備しておきました。

　依頼者としては、感情的に許せない部分も多く、審判も辞さないとのことでしたので、相応の金額提案がない限り、あまり交渉に時間をかけ

ないようにしよう、という共通認識を確認しました。

　さて、肝心の代理人間協議ですが、相手方の弁護士から開口一番「パワハラの事実確認が必要なため、詳細な事実主張をいただきたい」と提案がありました。当方としては、依頼者の精神状態からして陳述書の作成には消極的であったため、「内容証明にて相応に具体的事実を示していますし、社長も認めておられたようですが」と話しましたが、結局のところ、相手方弁護士も、相手方社長からは「現時点ではパワハラの事実はないと認識している」と聞いていたそうで、交渉が進む可能性は感じられませんでした。

　ここで私が考えたのは、わざわざ陳述書を作成してまとまる見込みもない交渉を続けるより、労働審判の準備をして手続のレールに乗せた方が実効的、ということでした。事前に依頼者の意向も確認できていたので、交渉はこれにて幕引きとなりました。

辛いけど頑張ります

　審判準備（特に陳述書案作成）の時、依頼者は特に辛そうにしていました。「自分で（審判を）選んだので、頑張ります」とおっしゃるので、しっかりとケアしながら進めることを意識しました。

　審判は粛々と進み、相手方から具体的な反論も出なかったことから、相応の解決金で和解となりました。

　この結論なら交渉で解決できたらよかったのに……と思う反面、労働審判だからこの結論に持ち込めたんだよな……ともいえる、かなり印象に残る事案でした。

交渉中の録音による証拠確保

弁護士7年目　男性

相手方とのコンタクト

　上場企業の役員（50代男性）が、その企業に勤務する従業員（20代女性）にセクハラをした事件について、その被害女性から相談を受けました。

　方針としては、依頼者がセクハラを受けたことについて表沙汰になることを望んでいなかったことに加えて、加害男性の社会的立場にも配慮して、当事者以外には情報が漏れないように交渉を進め、できる限り交渉による解決を目指すことになりました。

　このため、当該役員のメールアドレスに通知書を添付して送り、コンタクトを図りました。幸い当該役員は交渉に応じるとのことでしたので、アポイントをとって実際に会うことになりました（Method 01 体験談2、Method 07 体験談2と同一事例）。

交渉中の録音

　依頼者は、役員とイタリアンレストランで食事をした後、自宅に上がり込まれ、そこでわいせつ行為を受けたのですが、依頼者が話している内容を裏付ける証拠がありませんでした。そこで交渉の際に、ボイスレコーダーでその会話内容を録音し、裏付けとなる証拠を獲得することを試みました（ボイスレコーダーは、スーツの内ポケットに忍ばせていました）。

私としてはすんなり事実関係を認めてもらえるのか不安だったのですが、役員はこちらが態度を硬化させて表沙汰になることを恐れていたようで、基本的には事実関係を大筋で認めました。

　当たり前といえば当たり前ですが、交渉による解決を目指していても、場合によっては法的措置も辞さないということを相手方に示すことは重要だと思いました。

秘密録音の法的問題点

　交渉の過程で証拠獲得を目的として行う録音は、基本的には相手方に無断で行う秘密録音にならざるを得ません。

　幸いこのケースは交渉で解決したため、裁判で録音データを証拠で出すといったことには至りませんでした。

　仮に証拠として提出していたとしても、裁判例（東京高判昭和52年7月15日判時867号60頁〔27650664〕）に照らせば、話者の人格権を著しく反社会的な手段方法で侵害したものということはできず、証拠能力は否定されないということになるのではないかと思います。

　ただし、同裁判例は一方で「話者の同意なくしてなされた録音テープは、通常話者の一般的人格権の侵害となり得ることは明らかである」とも述べており、交渉の際の秘密録音はできる限り避けるべきではないかとも思われます（裏付けとなる証拠を獲得するために他に手段がないような場合に、例外的に行うべきだと考えます）。

　また、同裁判例は「右Aの誘導的発問に迎合的に行われた部分がないでもないと認められるので、右録音テープに録取されたBの供述部分はにわかに信用しがたいものがあり」とも述べており、証拠能力が肯定されても、誘導的に行った問いに対する供述はその信用性が否定されかねないことにも注意が必要です。

　証拠獲得を目的として録音を行う場合には、誘導的な問いはできる限り避けるべきであるといえます。

交渉で得るもの

　交渉は、基本的には話合いを通じて、当事者双方の妥結点を探ること
を目的として行われるものですが、証拠が足りないと考えられるような
事案で法的措置をとる場合には、本ケースのように会話を録音して証拠
を獲得することも交渉の目的にできると考えられると思います。

ワンポイントアドバイス

秘密録音って問題ないの？

　秘密録音の可否については、悩ましい問題があります。

　体験談でも指摘されているとおり、昭和52年東京高判が著名ですが、
そこでは、「話者の人格権を著しく反社会的な手段方法で侵害したもの」
であるか否かが基準とされています。とすると、「弁護士が行う秘密録
音がそのような態様に至ることは通常考え難く、秘密録音をすることは
許容されるのだ」という考え方もあるでしょう。

　とはいえ、同判決は、「話者の同意なくしてなされた録音テープは、
通常話者の一般的人格権の侵害となり得ることは明らかである」とも指
摘しています。そのため、かかる行為を弁護士が積極的に行うというの
は違和感があるという意見もあるでしょう。

　このように、秘密録音は、通常は証拠能力が否定されることはないも
のと考えられるものの、弁護士倫理としては（懲戒事由になるか否か別
として）疑義が残り得る繊細な問題をはらんでいるといえるでしょう。

　筆者の場合は、基本的には秘密録音をすることはありません。どうし
ても録音しておきたい場合は、交渉を始めるにあたって、相手方に対し
て「本日のお話の内容は録音させていただきたいのですが、よろしいで
しょうか？」と尋ね、それが許可されてから録音を開始するようにして

います（相手方は少し構えますが、それは仕方がないことと考えています）。録音の際には、同録音を証拠として提出する際に備えて、冒頭に「○年○月○日、○○様から許可が得られたため録音を開始します」と発言してそれを録音し、「録音が許可されていたこと」も証拠化するようにしています。なお、相手方の許可を得て録音する場合、その録音媒体は、机の上に置くなど常に相手方から見える位置に置いておくことがマナーでしょう。また、相手方が「私も録音させてください」と言えば、こちらも許可するのは当然でしょう。

▸ 隠れた証拠を見つけ出せ

——セクハラやパワハラを直接立証する証拠が、はじめから豊富に揃っていることは多くなく、むしろまれではないかと考えられる。そのような場合に、どのような証拠によって、セクハラやパワハラの事実を立証するか。また、その証拠を入手するための方法や、裁判所に提出する際にどのような工夫が考えられるか。

証拠にはどのようなものがあるか

　セクハラやパワハラの事実を直接証明するものとしては、そのような行為が行われた際の録画や録音が挙げられますが、こうした行為が加害者によって突発的に行われる場合が少なくないことや、加害者にわからないよう録画・録音を行うことが難しいことから、そのような証拠が豊富に残っていることは少ないように思います。また、第三者の目撃証言といっても、性質上、会社の従業員に限られるため、その従業員の協力を得ることも容易ではありません。そのような場合、間接的な証拠として、例えば、被害者自身がつけていた手帳（体験談1参照）・日記や、加害者から被害者に送られた電子メール、LINE 等によって立証することが考えられます。

　また、被害者が、セクハラやパワハラによって精神疾患を患い、労災

認定されたような場合には、労災認定に係る記録（従業員の供述調書や電話聴取報告書が含まれていることもあります）について、文書送付嘱託の申立てによって入手するという方法もあります。

なお、加害者の言動が、体を触る等の具体的な行為を伴う場合、方法論としては、被害者に、その再現をしてもらい、その状況を動画や写真で撮影することも挙げられますが、被害者に忌まわしい出来事を思い出させてしまうという二次被害を引き起こしやすい場合もあるため、そのような方法による立証を選択することは、慎重であるべきと思います。

証拠の保全

セクハラやパワハラにあたる上司の言動が、外部からはアクセス不可能な社内メールや、会社が管理するSNSアカウントによって行われている場合もあります。そのような場合には、被害者に、あらかじめ該当するメッセージを印刷したり、写真に撮影したりするよう助言することも考えられますが、職場環境によっては、難しい場合もあるかと思います。

このように、被害者の力だけで証拠を収集することが難しい場合には、証拠保全の申立てを行うことにより、収集を図ることも考えられます。具体的な手続や留意点については、体験談2をご参照いただければと思います。

見せ方の工夫

これまで述べたとおり、セクハラやパワハラを立証する証拠は、被害者の手帳・日記、加害者との電子メールやLINEでのやり取りが多いのですが、第三者の裁判官から見て、「なぜ、この記述がセクハラやパワハラにつながるのか」が、一義的に明確でない場合も少なくありません。

そのような場合には、前提となる事実関係や、業界用語等について、準備書面や証拠説明書等で、十分に説明しておく必要があります。

　また、一義的に明確な記述であっても、忙しい裁判官に、膨大な文字情報の中から当該記述を探させることは、あまり好ましくないように思います。したがって、該当する記述にはマーカーを引いておいたり、準備書面や証拠説明書において、当該記述がその証拠のどこに記されているかを示したりしておくことも必要と考えられます。

　なお、被害者の手帳において、パワハラに関する記録を記したところだけ、恐怖や怒り等によって字が震えているような場合には、被害者の個人情報をマスキングするといった配慮をしつつも、裁判官が日常的な記載との比較ができるように、両方の記述の記載態様まで見せるようにするという工夫をすることも、一案と考えられます（体験談1）。

体験談1

手帳は陳述書よりもリアル

弁護士5年目　男性

習慣が証拠保全に

　依頼者は、上司からパワハラを受けているとのことでした。その内容を聴取すると、日常のやり取りの一環として評価されかねないような決め手に欠けるものが多く、請求そのものから検討が必要であると感じざるを得ませんでした。

　聴取時も、依頼者は思い出しながら話しており、昨日や先週の話にとどまっていたため、証拠の観点から確認することにしました。依頼者は、「録音はしたことはないし、（依頼者のパワハラ被害を見聞きしている）

同僚は巻き込みたくない……」とのことで証拠にも欠けるとなると……
と重たいムードになりました。

　しかし、この聴取時にも依頼者は手帳にメモをとっていたので、念の
ため、「ちなみに、手帳に本件のこととか書いていませんか」と確認し
たところ、書いているところもある、とのことで、いったん手帳のコ
ピーをとらせてもらい、次回の相談までに目を通すことにしました。

筆達者の手帳

　相応な量のコピーをもらい、読み進めていくと、パワハラの記載も随
所にあり、事実としても主張可能なものが散見されました。しかも文章
がうまく、相談時の話しぶりよりも状況説明がよくできていました。

　また、よく見るとパワハラ被害の記載の箇所は字が震えていました。
恐怖か怒りか、いずれにしてもリアルな証拠の見せ方ができるかもしれ
ない、と考えました。

　2回目の相談時、上記の考えを依頼者に伝え、当該手帳の写しを証拠
として請求を行うことになりました。

そのままがリアル

　本件の交渉は会社側がパワハラ事実を否認したため、会社に対して使
用者責任を理由とした労働審判を申し立てました。

　本来であれば陳述書も作成するところかとは思いますが、あえて手帳
の写しだけを証拠として提出しました。間違いなく手帳に目を通してほ
しかったからです。また、パワハラと関係のない箇所は基本的にマスキ
ングをしましたが、字の震えを示すために、あえて一部の日常的記載は
残しました。

　審判員もかなり理解を示してくれ、無事和解となりました。

最初に依頼者の手帳を見た時の印象が強かったため、手帳の生の記録を重視したこと、見せ方を工夫したことも結果的によい方向に働いたかなと思います。

体験談 2

証拠保全を申し立ててみた

弁護士7年目　男性

証拠保全について

　パワハラに端を発する退職事案で、慰謝料や未払残業代請求の労働審判を申し立てる前提として、証拠保全の手続を行ったときの体験談を紹介します。

　そもそも、証拠保全とは、訴訟における本来の証拠調べの時期まで待ったのでは取調べが不能又は困難となる特定の証拠方法について、あらかじめ証拠調べをしてその結果を保全しておくための手続です。本来の制度趣旨からすれば、証拠保全を行った後に控えているのは「訴訟」手続なのですが、実務上はその証拠開示機能に着目して、訴訟を提起すべきか否か、請求の特定をどのようにすべきかの参考に資するための手続としても活用されています（兼子一原著・松浦馨ほか著『条解民事訴訟法〈第2版〉』弘文堂（2011年）1280～1282頁）。

　つまり、証拠保全を申し立てたからといって、必ずしも訴訟を提起する必要はなく、その後の法的手続として労働審判手続を選択することも問題ないと考えられているのです。

証拠保全の申立て

　証拠保全の申立ては、相手方の表示、証明すべき事実、証拠、証拠保全の事由を記載した書面により行います（民事訴訟規則153条1項、2項）。証拠保全の事由とは、「あらかじめ証拠調べをしておかなければその証拠を使用することが困難となる事情」のことであり（民事訴訟法234条）、証拠・証明すべき事実・請求権との関係性や、紛失・改ざん等により証拠資料が利用できなくなるおそれを、個別具体的事情に即して疎明する必要があります（民事訴訟規則153条3項）。

　私が担当したのは訴え提起前の証拠保全の申立てでしたので、申立書とあわせて、収入印紙500円、委任状、相手方の資格証明書を提出しました。東京地方裁判所の場合、申立先は民事第14部となります。なお、相手方に対しては、証拠調べの実施前に執行官が裁判記録を送達することになりますので、申立書副本も提出する必要があります（私は申立て時に提出するのを失念していたので、裁判官面接の日に持参しました）。

　申立書には、申立ての趣旨として、「東京都○○区○○番地所在の相手方の事業所内に臨み、相手方保管に係る別紙検証物目録記載の物件の提示命令及び検証を求める」などと記載し、検証物目録を添付します。

　今回の案件では、タイムカードがなく、代わりに使用者が管理するFacebookグループ上で出退勤の記録をつけたり事務連絡を行ったりしていましたが、依頼者の退職後にアカウントが書き換えられアクセスできなくなっていたので、過去の履歴を確認するため、検証対象を「相手方の管理するFacebookグループ『○○』において○年○月から○年○月までの期間中に作成された文章、添付資料その他の電磁的記録」などと記載した検証物目録を付して申立てを行いました。

裁判官との面接

　申立ての数日後に担当部（基本的には労働専門部に配点されるようで

す）から期日調整の連絡があり、その約２週間後に裁判官との面接を行いました。

　面接は１時間弱程度、裁判官・裁判所書記官・申立人代理人の３名で行われました。証拠保全を行うかどうかの審査というより、証拠保全を実施するとして具体的にどのように行うのかという打合せのような感覚でした。おそらくですが、そもそも証拠保全の要件に問題があるというような場合には、面接まで進む前に、電話で資料の追完等の指示がなされるのではないでしょうか。申立ての後できる限りスピーディーに証拠調べに進むために、また、証拠調べ当日にできる限り高いパフォーマンスを達成するために、しっかりと申立書や疎明資料を準備しておく必要があります。

　打合せの中心は、証拠を具体的にどのような方法で保全するかという点でした。検証の対象としていた証拠は、相手方の管理するFacebookグループ上の履歴でしたので、相手方の従業員にパソコンを操作してもらい、パスワードを入力して、そのWebページを表示させなければなりません。裁判官や書記官は専門家ではありませんので、どういう手順で操作すれば該当ページまでたどり着くことができるか、その後どのように当該ページを保全するかといった点を具体的に教示する必要があります（自分のノートパソコンを持ち込んでいたので、面接の場で試しに操作してレクチャーしました）。

　そのうえで、決定書その他記録の送達と証拠調べを実施する候補日時を調整し（執行官の都合を確認する必要があるので、面接の時点では日時を確定するところまではいきませんでした）、申立人側においてどのような人員を用意すべきか、当日はどこに集合するかなどを打合せしました。

現場での証拠調べ

　証拠調べ当日は、午前11時50分頃に相手方事業所に対する執行官送

達が行われ、午後 0 時 50 分頃に裁判官・裁判所書記官・申立人代理人である私と、私が手配した補助者（カメラマン）の 4 名が集合場所で落ち合い、午後 1 時頃に相手方事業所に入室をしました。

　カメラマンは、資格者である必要はなく誰でも大丈夫なので、事務所の後輩弁護士（男性）にお願いをしました。自身の事務所の事務職員を連れていく弁護士が多いと思いますが、私の事務所には女性事務職員しかおらず、また今回の案件がパワハラの事案だったため、万一相手方が協力に従わなかった場合に危ない思いはさせられないと思ったからです。

　証拠調べの手続はスムーズに進みました。この日はパワハラの当事者が外回り営業のため事業所内にいなかったというのもありますが、はじめに裁判官が相手方に対して丁寧な説明をしてくれたおかげで、相手方の従業員も状況を理解し、パソコンの操作などの協力をしてくれました。

　裁判所としては、"何も知らない状態で突然押しかけられた"状況にある相手方の立場に極力配慮し、相手方の理解を得て手続に協力してもらうことを非常に重要視しているようです。申立人側にとっても、そうすることによって、証拠保全を申し立てた目的を達成しやすいからです（相手方が協力をせず検証不能と判断された場合、申立人としては別途検証物提示命令の申立て等の手段を検討する必要があります）。

　私は、カメラマンと一緒に、相手方従業員に表示してもらった Facebook グループの画面を撮影し、手続は無事終了となりました。なお、保全の手段としては、相手方事業所内のプリンターを利用させてもらう方法も考えられましたが、対象のページ数が多かったので、そこまで相手方に負担をさせるのは任意の協力を阻害する可能性が高いと判断し、あえて採用しませんでした。

　証拠保全は、相手方にとって負担が大きい手続であり、和解による解決には不向きな面があることは否めませんが、証拠の偏在を解消することで事案の解決ラインが明らかとなるため、特に相手方に代理人が付いている場合や裁判手続に移行した場合には、交渉による解決を図りやすくなるというメリットもあります。1 つの手段として検討してみてください。

相手に反論されそうな記述が
出てきた場合にどうするか

　例えば、パワハラの場合、実際の事件では、業務指導の範囲内か、行き過ぎた指導かの線引きが難しかったり、被害者側が業務上何らかのミスを犯しているといったケースも少なくありません。そのような場合、相手からの反論を予防する意味で、提出する証拠を選別したり、反論されそうな部分をマスキングしたりすることも考えられます。しかし、その証拠が、加害者側ももっているものである場合（例えば、電子メール、LINE）、加害者側が被害者によって除外された証拠を反証として提出することにより、かえって、被害者側の弱点をさらすことにもなりかねません。

　したがって、そのような場合には、相手から反証が出てきそうか否か、出てき得るとしてあらかじめ予測される反論も意識した主張を準備書面で展開するか等を、依頼者とよく協議しながら検討する必要があります。

▸ 紛争解決機関は 裁判所だけではない

——ハラスメントの慰謝料相場や立証の難易度は、相談者の認識と弁護士の認識に乖離があることがある。相談者に対しては、紛争解決機関として、裁判所の手続以外の手続も案内できるようにしておきたい。

慰謝料の相場感

　ハラスメントについて相談を受けるとき、大抵の場合、慰謝料はどのくらいとれますか？　という質問を受けることとなります。

　事案によって異なりますが、セクハラであれば、強制性交や同未遂、強制わいせつなど刑事事件にも相当する悪質性の高い事案においては、100万円超の慰謝料も認められ得ますが、不適切な言動等にとどまる場合には、20万円、30万円、場合によってはそれ以下にとどまる傾向があります。パワハラであれば、暴行等により重い傷害を負ったり、精神疾患を発症した場合には、100万円超の慰謝料が認められ得ますが、暴言等にとどまる場合には、やはり10万、20万、場合によってはそれ以下にとどまる傾向があります。

　そのため、慰謝料だけではなく、ハラスメントがあったために退職を

余儀なくされたとして逸失利益を損害として請求できる場合や、未払残業代の請求を追加して請求できる場合でなければ、弁護士費用が加害者から得られる金額を上回ってしまう可能性があることを説明しなければならないことが多々あります。

立証の困難性

　上述のような費用対効果の問題と同時に、ハラスメント事案において問題となるのは、その立証の困難性です。

　ハラスメントは密室で行われることも多く、証拠が本人の供述や本人作成のメモ等しかない、ということも少なくありません。また、ハラスメントにより精神疾患を患ったという事案においても、相談者がハラスメントと主張する言動の態様・程度や反復継続性に鑑みて、当該言動と精神疾患発症との間の因果関係の立証が困難なのではないか、と考えられるような事案も多くあります。

　このような場合には、裁判所の手続を利用した場合、立証責任の観点から請求棄却となってしまうリスクがあることを相談者に説明しなければなりません。

じゃあ泣き寝入りですか？

　上述のような裁判所の手続を利用した場合の慰謝料の相場感や、立証責任の観点からの見通しを話すと、相談者からは、「じゃあ泣き寝入りしろって言うんですか？」と責められてしまうことがあります。

　確かに、裁判所の手続（訴訟や労働審判）を利用することは、上述のようなハードルがあり、あまりおすすめできない場合があります。

　その場合に、案内できる制度として、労働局の紛争調整委員会によるあっせんや調停の制度があります。同制度は、個別労働関係紛争につい

て、弁護士、大学教授、社会保険労務士などの労働問題の専門家により組織された紛争調整委員会が紛争当事者の間に入って調整を行い、話合いを促進することにより紛争の解決を図る制度です。申立てに費用がかからないこと、申請書は簡単なもので足り、詳細については口頭で説明することも認められるため、本人申立てで行える簡便な手続であること等のメリットがあります。本人申立てを行うことにより弁護士費用の負担を免れることができますし、基本は話合いですので、厳密な立証は求められずに一定程度の金銭解決を期待することができます。ただし、同制度は、被申立人の手続への参加や解決案の受諾は任意であり強制力はなく、合意に執行力もありませんので、必ずしも期待どおりの結果が得られるものではありません。一度は使用者にハラスメントの問題について真剣に考えてもらいたい、そのうえで金銭解決の提示を得られるかどうか試したい、という場合にはおすすめすることができる制度といえるでしょう。

　その他に案内できる手続としては、都道府県の設置する出先機関である労政主管事務所（東京都では、「東京都労働相談情報センター」、神奈川県では「かながわ労働センター」など、呼称はさまざまです）が実施するあっせんの手続があります。労使間のトラブルにつき当事者が話し合っても解決しない場合、労働者（又は使用者）の依頼と相手方の了解があれば、労政主管事務所が解決のあっせんを行うというものです。同手続も無料であり、1～2名の担当職員が、紛争解決のために電話や面談により聞き取り等を行い、あっせん案の提示等を行います。ただし、同手続についても、参加等は任意であり強制力はないため、必ずしも高い効果が得られるものではありません。知識のある担当職員が間に入って話をしてくれる（あるいは話をしようと試みてくれる）ため、泣き寝入りという状態を避けることはできる、という意味で、おすすめできる手続となります。

刑事告訴したい

　なお、加害者に痛い目に遭ってほしい、という気持ちから、ハラスメントを刑事事件にしたい、という相談者も多くいます。暴行・傷害や強制わいせつ等、刑事事件になり得る事案の場合は、刑事事件としての示談交渉の中で、慰謝料の交渉をしていくことも検討できますので、捜査機関が真摯に捜査を開始するよう、弁護士としてはできる限りのアドバイスや援助をすることとなります。まずは、刑事事件として立件可能な事案なのかどうか、相談者の話を聞き、証拠の有無を確認してみましょう。その結果、残念ながら刑事事件として捜査してもらえない可能性が高い事案も多いのが実情ではありますが、刑事事件になれば、示談の必要性から解決金の水準が上がる可能性がありますので、いったんは検討するのがよいといえます。

体験談 1

パワハラ等を理由とする損害賠償請求

弁護士 3 年目　男性

とにかく会社を辞めたいんです！

　依頼者 X は、Y 予備校において講師として働いていました。
　Y 予備校の募集要項及び入社前の説明会では、勤務時間について午後 2 時から午後 10 時まで（休憩時間 1 時間）とされていました。
　しかし、実際には、①月 1 回の頻度で地域の経営者モーニングセミナーに参加するために午前 5 時に出社すること、②毎週月曜日には朝礼を行うために午前 9 時に出社すること、③その他の勤務日においても、

午前10時に出社することを命じられました。また、④生徒が帰った午後10時以降も、時間講師の勤怠管理、ポスティングチラシ作成、ホームページ作成、教材作成等に追われ、業務量からしても午後10時で退社することは不可能でした。

　Xは、このような勤務状況において3年間勤務しましたが、体調を崩してY予備校を1週間休み、このまま働き続けることは到底できない状態だったので、Y予備校の退職を希望していました。

　そこで、私は、Xに対し、①から④の内容が、労働者に対して過大な要求をするパワハラに該当することを説明し、退職するだけではなく、未払残業代の請求とパワハラによる損害賠償請求を行うことを提案しました。

　もっとも、Xは、金銭の請求よりも退職することを優先したい意向でした。また、Xは、職場の上司と退職について話し合うことができない状況ではないとのことでした。

　仮に金銭請求をしないのであれば、弁護士が退職手続に関与する必要性が高いとは思えなかったので、私はXに付き添う形で労働基準監督署へ一緒に行き、事件を引き継ぐことにしました（Method 21 体験談1と同一事例）。

労働基準監督署では対応できない！？

　私は、Xとともに、Y予備校の所在地を管轄する労働基準監督署へ行ったところ、60代くらいの年配の労働基準監督官Aが相談に応じました（なお、この段階では受任していなかったので、私の身分を明かすことはなく単なる付添人として相談に参加しました）。

　私が、Xに代わり事実関係を説明すると、Aは、やや面倒くさそうな態度で「まずは仕事を辞めてから労働基準監督署に来てくれないとダメだよ！　残業代を請求しようとしても、職場で働きづらくなるから請求できないでしょ。仕事を辞めてからまた相談にきて」と言い、Xが質

問したい「退職の仕方」等の直近の問題については答えてくれませんでした。

　私は、Ｘが望む退職手続について再度Ａに確認したところ、「労働基準監督署は、労働基準法上の問題を扱う場所だから、退職云々については会社とよく相談してください」とのみ言われてしまい、門前払いの状態でした。

　確かに、労働基準監督署は労働基準法上の問題を扱う場所なので、パワハラ等の労働基準法上特段規定されていない問題については取り扱わないという説明は正しいです。また、労働分野全般を扱うことはマンパワー的にも困難だと思います。

　しかし、一方で、同じ労働法上の問題であるパワハラの分野について何もアドバイスをしない態度は、企業と従業員間に発生する問題の解決を目的とする労働基準監督署の対応としていかがなものか……、と思ってしまいました。せめて、パワハラを相談できる最寄りの窓口（総合労働相談コーナーがある労働基準監督署や労働相談センター等）の案内等はしてほしいと思いました。

退職理由（パワハラ）を伝えたうえで退職

　その後、Ｘはやはり職場の上司とあまり話をしたくはないとのことだったので、私がＸに代わり退職手続の代行を行うことにしました。

　私は、再度、Ｘに対し、退職するだけではなく、未払残業代やパワハラによる損害賠償請求をすることも提案しました。

　しかし、Ｘは、Ｙ予備校との関係を早く断ちたいとのことだったので、私は、退職することを最優先にして交渉に臨むことにしました。

　私は、Ｙ予備校のＸ直属の上司とＹ予備校の代表取締役に対し、上述の①〜④が退職理由であることを伝えたうえで、❶残りの年次有給休暇の取得をしたうえで退職すること、❷退職手続を１か月以内に完了するのであれば、未払残業代の請求やパワハラによる損害賠償請求をしな

い旨の交渉をしました。

　Y予備校は、当初、Xが上司に対するメールにより年次有給休暇を申請していたにもかかわらず、Y予備校が準備した年次有給休暇申請書により申請しなかったことを理由に無断欠勤扱いにしてXの戒告処分を行うつもりである等と喧嘩腰の態度でしたが、最終的には、上述の❶・❷の条件を了承し、Xは、Y予備校から早期に退職することができました。

体験談2

あっせん手続の利用法

弁護士10年目　女性

意外と知られていないあっせん手続

　ある中小企業の代表者から法律相談を受けました。「いきなり、労働局の紛争調整委員会というところからあっせん開始通知書という書面が届いたんですが、どのような手続でしょうか。対応しない場合には、何かデメリットがあるんですか」という内容でした。手続の申請者は、2か月前に退職した社員のAであり、B部長のパワハラが原因でうつ病を発症し、退職を余儀なくされたとの理由で、会社に対し、100万円の賠償を求めていました。相談者は、Aの請求額が過大かつ理由がなく、通知書には、手続に参加する義務はないと記載されているため、あえて応じる必要はないだろうと考えているようでした。

あっせん手続の有用性

　相談者は、通知書を受領後、B部長本人からの聞き取りにより、Aの顧客対応に問題があり、取引先とのトラブルが絶えなかったことから、複数回にわたり、強い口調で叱責したとの事実を把握していました。他の社員にも話を聞いたところ、B部長を庇う証言がほとんどであったことから、相談者としては、B部長の叱責は、上司として適切な指導を超えたものではなく、Aの会社に対する単なる腹いせだという思いを強くしているようでした。

　あっせん手続に強制力はありませんので、被申請者が手続に参加しなくてもペナルティーはありません。しかしながら、手続に参加することで、申請者の主張が明らかになり、今後、労働審判や訴訟に発展するリスクがどの程度あるのか、また、リスクがある場合には、いかなる証拠を収集しておくべきかなど、被申請者にとって有用な判断材料を得られるという大きなメリットがあります。他方、紛争調整委員会からあっせん案が出されても、双方が受諾しなければ、単に手続が打ち切られるにすぎず、被申請者に特段のデメリットはありません。会社にとっても有益な機会となり得る旨を説明したうえで、相談者にあっせん手続への参加を促しました。

即日解決が可能

　結局は、相談者の依頼を受け、あっせん委員の許可を得て（個別労働関係紛争の解決の促進に関する法律施行規則8条3項）、私も代理人としてあっせん手続に同席することになりました。

　あっせん期日において、Aは、B部長から受けた発言を録音したボイスレコーダーを持参し、会社側からは、Aが引き起こした複数件の取引先とのトラブルを記録した業務日誌を提出しました。B部長の発言は、想定の範囲内ではあったものの、パワハラであると評価されかねない微

057

妙な表現が含まれていたため、あっせん案の内容次第では、手続内で解決することが望ましい事案であると考えました。

あっせん委員との話合いの末、最終的には、Aに解決金30万円を支払う旨のあっせん案を双方が受諾することで、即日、解決に至りました。

コストをかけずに柔軟な解決が望める

今回は、B部長の発言の録音が客観的証拠として残されていたことからも、あっせん手続が打ち切りになれば、ほぼ確実に法的措置へ移行していたケースであったと考えられます。

そうなれば、慰謝料にとどまらず、逸失利益、治療費、弁護士費用等も加算され、請求金額はより多額になっていたでしょう。

当初、あっせん案に難色を示していた相談者も、今後の見通しを具体的に示すことで、手続の煩及びその費用を勘案し、あっせん手続内での早期解決が最善の策であることを理解してくれました。また、合意書に口外禁止条項を盛り込むことで、会社のレピュテーションリスクを防止できたことも重要なポイントになりました。

今回のケースのように、紛争調整委員会によるあっせん手続では、手続は基本的に1回限りとされるため、あっせん案が即日提示され、初回期日で和解に至ることも少なくありません。また、手続費用もかかりませんから、使用者と労働者が互譲する余地のある事案においては、非常に利用価値が高い手続であるといえます。

使用者にとっては、裁判手続よりも解決水準が低い傾向にあることも、参加のメリットといえます。他方、手続費用や弁護士費用の負担なく、さまざまな類型の労働事件について柔軟な解決を図ることが可能となること、形式にとらわれることなく、自由な立証ができることは、労働者側にとっても、非常に使いやすい手続であるといえるでしょう。

あっせん手続を勧めてみよう

　これまでは、あっせん手続にあまり馴染みがなく、ハラスメント被害の事件については、常に労働審判や訴訟による解決を念頭に置いた対応をしてきましたが、今回の経験を機に、被害者の請求額がそれほど多額にならない事案、就労の継続を望んでいる事案、早期解決を望んでいる事案などについては、まず、あっせん手続の概要を説明したうえで、ご本人による申請を検討していただくようになりました。仮に、双方の対立が激しく、あっせん手続での解決が困難であったとしても、その後の手続に活かすことができ、終局的解決への端緒を開く役割を担うものと考えます。

ワンポイントアドバイス

手続を使い分けよう

　ハラスメントの事案は、類型的に、立証のハードルが高いもの、認容金額がそれほど高くならない見込みのもの、が多くあります。そのような場合でも、「たとえ費用倒れになったとしても、裁判所において自身の正当性を明らかにしたい！」として裁判手続を利用することを希望する相談者もいますが、さまざまな手続を案内することができれば、より相談者の希望に近い解決を図ることができる可能性も出てきます。証拠の有無や内容、認容金額の見込み、回収可能性等をよく聞き取り、各手続のメリット・デメリット・同手続を利用した場合の見通しを、説明できるようにしておくのがよいでしょう。

07 | 慰謝料の考え方

▶ 慰謝料の算定基準ってあるの？

——セクハラやパワハラを受けた被害者の精神的損害を慰謝するための
賠償額は、どれくらいが相場となっているか。また、裁判所が慰謝料を
算定するにあたって考慮しているのはどのような要素か。

セクハラにおける慰謝料の相場及び裁判例

　セクハラにおける慰謝料の額について、最近の裁判例によれば、50
万円以下の低額にとどまることも少なくないようです。もっとも、被害
者が性的暴行を受けるに至っていた事案や、性的暴行には至らないもの
の継続的なセクハラ行為により退職に追いやられる等、就労の機会を喪
失したような事案では、300万円を超える高額な慰謝料が認められてい
ることもあるようです。

　慰謝料額に影響を与える要素を具体的に見ると、①行為態様の悪質性、
②行為の継続性（1回のみか、2回以上か）、③休職・退職等の結果発生
の有無、④被害者側の要因といった要素が考慮されているようです。

　特に、①については、身体への接触がない場合の平均額が97.2万円
である一方、身体への接触がある事案の平均額は180.9万円と2倍近く
になっています（接触態様が悪質な事案では、さらに金額が上がるよう
です）。また、②ハラスメントの回数が1回のみの場合の平均額が92.3

万円である一方、2回以上の場合は156.3万円となっています。一方で、④被害者側の気質や他の要因が病気の発症に寄与していると認められる場合には、多い場合には4〜5割の減額がされることもあるようです。

　なお、被害者側の行為（不作為を含む）がセクハラ行為を助長した等として、大幅な減額が認められた事案もあるようですが、セクハラ事案においては、被害者が加害者との関係性に配慮し、毅然とした対応をとることが困難である場合も珍しくなく、この点を理由とする大幅な減額には、慎重な判断が望まれます。

パワハラ等における慰謝料の相場及び裁判例

　慰謝料額に影響を与える要素としては、①行為態様の悪質性、②ハラスメント行為の継続性、③被害者の自殺、④被害者の精神疾患の発症、⑤被害者の素因等、⑥被害者側の対応、⑦被害が軽微・回復するか等が考慮されているようです。

　ただし、④被害者が精神疾患を発症している場合であっても、被害者が自責の念を感じるような職務上のミスがストレスの一因となっていること等、被害者側の事情を減額要素として考慮し、慰謝料額を20万円と判断した裁判例もあるようです。また、⑥被害者の加害者に対する反抗的態度や反撃等が指摘された事案では、慰謝料額は5〜50万円と低額にとどまっているようです（以上、千葉県弁護士会編『慰謝料算定の実務〈第2版〉』ぎょうせい（2013年）参照）。

　ここでは、便宜上、いわゆるアカデミックハラスメント（大学において、教授職等教育上の指導者がスタッフ・大学院生にハラスメント行為を行うこと）の場合の慰謝料も含めご紹介しましたが、半数以上のケースにおいて、200万円未満にとどまっており、300万円以上の事案は20％程度にとどまるようです。

慰謝料いくらとれますか？

弁護士 8 年目　男性

2 つのパワハラ相談

　私が弁護士登録して間もない頃、たまたま同じ日に、2 人の男性（A さんと B さん）から別々のパワハラ被害の相談を受けることになりました。事前に聞いていたのは「職場の上司からパワハラを受けている」という情報のみであり、2 人ともどのくらいの慰謝料をとれるのか知りたいということでした。

　私にとって初めてのハラスメント相談でしたが、「パワハラについてはそれほど高額の慰謝料が認められる傾向にない」というような話を聞いたことがあり、また、インターネット上にも「相場は 20～30 万円」「とれても数万円」などと少額の慰謝料しか認められない旨の記載が見受けられました。このような曖昧な情報をもとに、とれてもその程度なのかなと漠然と考えながら相談日当日を迎えました。

被害内容の相違

　A さんは比較的大きな会社に勤めており、勤務歴は 15 年程度で営業部署の課長でした。成績も優秀で、役職に就いたのも早く、最近まで何の問題もなく仕事をしてきたそうです。しかし、直属の上司である部長が異動し、営業職の経験がそれほどない方が新たな部長になったことから状況が変わりました。それまでの方針を急に転換しようとした新部長に対して A さんが異論を唱えたことをきっかけに、ここ 1 か月ほど、

新部長がAさんに仕事を割り振らなかったり、時にはAさんを無視したりといった態度を示すようになりました。Aさんは、これがパワハラにあたるとして、新部長に慰謝料を請求したいとの意向でした。

　一方、Bさんは従業員20名程度の中小企業に勤める勤務歴4年目の方でした。Bさんも営業職でしたが、会社に入ったばかりの頃から十分な指導を受けることなく放置され、それにもかかわらず上司や先輩から成績が悪いことを理由に他の社員の前で「バカ」、「役立たず」、「死ね」などの暴言を度々吐かれてきました。さらにこの1年ほどは、ことあるごとに、頭を叩かれたり物を投げつけられたりする等の直接的な暴力も受けていました。このような上司・先輩によるBさんへの対応については社長を含む社員全員が知っていましたが、黙認されている状況でした。その結果、Bさんはうつ病を患い、会社を休みがちになってしまったところ、会社から退職を強要されたとのことでした。

　Aさん、Bさんのどちらの相談でも、事情を聞くにとどめ、検討したうえで後日改めて回答することにしました。

具体的な事案に応じた検討の必要

　私は、AさんとBさんは同じ「パワハラ」の相談であっても、その被害が全く違うことに検討の難しさを覚えました。それぞれが受けていた被害の内容も、程度も、期間も、それに対する周囲の反応も、大きく異なっていたからです。

　今となっては当たり前のことだと思うのですが、当時の私は「パワハラ」という1つの類型の中においてはそれほど結論（慰謝料の金額）に差異はないのではないかと安易に考えていました。しかし、パワハラというのは、交通事故事件における「人身事故」や家事事件における「離婚」のように、労働紛争における1つの類型にすぎず、事案の具体的な内容によって結論が大きく変わり得るものです。私は、自身の安直な考えを恥じながら、AさんBさんの各事案に比較的近い裁判例を調査す

ることにしました。

裁判例の調査の結果……

　裁判例にあたってみると、Bさんの事案のように加害行為が長期間にわたる悪質なものであり被害の程度が大きなケースで、100万円ないしそれを超える金額の慰謝料が認められ得ることがわかりました。裁判例を調べることなく、安易に「慰謝料は20〜30万円くらいしか難しい」などと誤った回答をせずによかったと胸をなで下ろしたのを覚えています。

　以上の体験は弁護士登録してすぐの頃のことでしたが、同じハラスメント事案という類型であっても1つとして同じものはなく、それぞれの内容に応じて丁寧に検討することの重要性を思い知る出来事となりました。特に慰謝料については事案の性質によって差が生じやすいところだと思います。裁判例の調査は根気がいるものですが、事案の適切な解決のために丹念に取り組んでいきたいと考えています。

体験談2

交渉により解決したセクハラ事件の和解金

弁護士7年目　男性

和解による解決を目指す!

　事案は上場企業の役員（50代男性）が、その企業に勤務する従業員（20代女性）にセクハラをしたというもので、私はその被害女性から相

談を受けていました。

　幸い役員は事実関係を大筋認めており、依頼者も表沙汰にはしたくないとの希望をもっていたので、和解による解決を目指すことになりました（Method 01 体験談 2、Method 04 体験談 2 と同一事例）。

慰謝料算定にあたって考慮したこと

　和解にあたって、もっとも詰めなければならなかったのが、当然のことながら、和解金の額をどうするか、慰謝料をどう算定するのかでした（その他、役員が依頼者に対して誓約する内容、守秘義務条項の記載等が問題になりました）。

　本件は、役員が依頼者の自宅に上がり込み、そこでキスをされたり、胸を触られたり、陰部を押しつけられたりするといった強制わいせつ罪（刑法 176 条）に該当する行為がなされた事案でした。

　そこで、基本的には、強制わいせつ行為がなされた場合の示談金の相場をインターネットで調べて、それをベースに考えていきました。

　PTSD（心的外傷後ストレス障害）の診断は受けていなかったものの、職場で役員と遭遇することに強いストレスを感じ、不眠等の症状も出ていたことから、役員に対しては 250 万円の和解金を支払うように求めました（もちろん交渉ですので、あえて多目の額を請求しているという側面はあります）。

交渉の末の和解成立

　交渉を重ねた末、本ケースでは最終的に120万円で和解が成立しました。

　どのように慰謝料を算定したとしても、最終的には、加害者の資力ないし支払能力が担保されていなければ、絵に描いた餅となります。

　特に加害者に資力があるケースでも、その家族が事件を知らない場合

は、家族に内密に準備できる金額しか支払うことができません。ただこの場合には、法的措置がとられれば、加害者の家族に事件を知られることになるということが譲歩を引き出す材料になるとは考えられます。

　最終的には、加害者の資力ないし支払能力を前提として、依頼者の最終的な納得が得られるぎりぎりの額を模索するということになると思います。

　その意味で、最終的に和解金の額を決定づけるのは、①慰謝料の相場、②加害者の資力ないし支払能力、③依頼者の納得の３つの要素ということになると思います。

　120万円といっても、弁護士費用（着手金・報酬）がかかっていることも考えれば、依頼者に残るお金は決して多くはなく、慰謝料の相場そのものも見直していく必要があるように感じました。

```
体験談 3
```

「それなら慰謝料
　50万円くらいでしょうね」って
　できたらいいな

弁護士15年目　男性

繁華街の飲食店の接客女性スタッフが
受けたセクハラ事案

　被害女性（依頼者）は、高齢の店長から、「女らしい体でないと客がつかない。僕が指導してあげるから夜の営業数時間前に出勤しなさい」などと指示され、実際に夕刻に店舗に出勤したところ、服を脱ぐように指示されました。被害女性はそのようなものかと信じて服を脱ぐと、店

長に全身を触られたということが何回かあったそうです。本件は警察に被害届を出し、加害者にも警察から事情聴取のためのコンタクトがあったからか、訴訟前に和解となりました。依頼者が受け取った解決金は50万円でした。

男性社長から女性事務職員が受けたセクハラ事案

　零細企業で、男性社長と女性事務職員（依頼者）が、会社事務所で2人きりになったところ、男性社長が、回転椅子に座って作業をしていた依頼者の後ろから近づき、依頼者の顔や肩を両手でつかみ、無理やり後ろを向かせ、いきなりキスをしたために、依頼者がむち打ち症状になったというケースです。男性社長に治療費や慰謝料込みで損害賠償として50万円の支払いを求める文書を送りましたが、男性社長は応答しませんでした。依頼者に対し、男性社長は任意に賠償するつもりはないので、この先は訴訟をしないと賠償金をとれそうにないと説明したところ、再就職も難しい地域のため、勤務先や社長相手に訴訟をしたということや性的被害に遭ったことが知れ渡ったら地域で住みにくくなるということで訴訟提起を断念しました。その後も、彼女は賠償金を払ってもらえていないと思います。

何の根拠もなく発達障害だと
同僚に言いふらされた事案

　依頼者は、上司から仕事上のミスをたびたび指摘され、指導を受ける中で、「お前、発達障害じゃないのか。一度病院で診てもらってこい」と言われました。その一方で、その上司は、依頼者が医療機関を受診したのかすら確認しないまま、依頼者の同僚らに対し、「○○君（依頼者）は、発達障害の疑いがある」などと言いふらしていたことがわかった

ケースでした。依頼者が会社を退職した後、依頼者の代理人として、上司の上述の発言以外のハラスメント行為も指摘したうえで、会社に対して損害賠償として100万円を請求をする文書を送り、会社の代理人と協議を重ねましたが、訴前交渉で解決しなかったため、労働審判を申し立てました。労働審判委員会のとりなしにより調停が成立し、解決金として30万円の支払いを受けました。

慰謝料相場がないこと

　事実関係の証明が難しいことはハラスメント事件の難しいところですが、たとえ加害者が加害行為の内容に関する被害者の主張の全部又は一部を認める等をしたために事実関係について大きな争いがない場合であっても、訴訟前に自主的に解決することは容易でないとしばしば感じます。このことは当事者の一方又は双方に代理人弁護士が付いていたとしてもです。その原因の1つとしては、慰謝料の相場が確立されていないことがあるように思います。

　ご存知のとおり、交通事故であれば、自賠責基準、任意保険会社基準、裁判基準（『赤い本（民事交通事故訴訟損害賠償額算定基準）』）などがありますが、傷病の程度と治療（通院又は入院）に要した期間・日数を主な要因として算定することができます。例えば、軽傷で治療期間が6か月間で実治療日数が20日だったら赤い本基準で、訴前解決だったら約30〜36万円くらいかなと予想することもでき、相手方（加害者）も被害者の見込みとそう離れていない水準の支払義務を負うことを覚悟していることが多いため、慰謝料額について比較的合意形成をしやすいといえます。

　ところが、ハラスメント事件では、症状の軽重や治療期間だけを考慮するわけにはいかず、加害者と被害者の関係性、加害行為の態様、期間・回数、ハラスメントに至る経緯等を考慮して算定する必要もあります。抽象的にはこう言えても、実際に確立した慰謝料算定基準がないた

め、たとえ加害者側に代理人弁護士が付いたケースであっても自主的協議により解決に到達することは容易でありません。上記では、ハラスメントを理由として裁判所の手続（労働審判）を申し立てたケースを紹介していますが、請求金額が少ないと裁判所の手続を利用するにも躊躇し、十分な補償を受けられないどころか１円も受け取れないということもあり得ます。交通事故のように、加害者側、被害者側いずれも利用可能な算定基準があるわけではないので、どちらの立場に立っても粘り強く交渉し、依頼者にかかる負担を考慮しつつ事例ごとに適切な妥協点を模索していくほかないのかなと思います。

ワンポイントアドバイス

最新の情報を入手しよう

　体験談２にもあるように、被害者にとっては、慰謝料の相場は低いのではないかと思われる場面も少なくなく、代理人としても、依頼者を相場に近い線で説得するか、主張が認められないリスクを負って裁判を起こすか、あるいは判決まで争い続けるか、悩みどころかと思います。

　ところで、近時は、被害者側の代理人が、セクハラやパワハラが行われた場合の責任の所在を問うため、あるいは裁判所の判断の正当性を世に問うため、積極的に記者会見を行ったり、インターネットで情報発信を行ったりすることが増えたように思われます。そのような事件の中には、従来の相場よりも高い金額での判決を勝ち取ったというケースも散見されるのではないかと思われます。

　最新の裁判例を調べるというのは、どの事件の処理にも通じる基本的事項ではありますが、特に、セクハラやパワハラの事案では、次々に裁判例が出やすい傾向にあると思いますので、常に、最新の情報を入手するよう心がけるとよいでしょう。

▶ **先を読んで準備すべし**

──Method 07 において解説したとおり、セクハラやパワハラの事案
における慰謝料の相場は、低いと思われる場合も少なくない。そのよう
な場合、被害者の代理人としては、依頼者の金銭的な満足を得るため、
どのような方法を考えるべきか。また、加害者側の代理人も、相場の慰
謝料額程度の支払いを見込んでおくことでは足りない。それでは、慰謝
料以外にどのような請求が来ることを見越して準備をしておくべきか。

休業損害、逸失利益等の請求

　セクハラやパワハラにより、被害者が休職や退職を余儀なくされた場
合、休業損害や逸失利益もこれらの行為と相当因果関係のある損害であ
るとして、請求の対象に加えられる場合が多いのではないかと思われま
す。この場合、使用者側は、休職や退職の必要性まではなかったとして、
相当因果関係を争うことが考えられます。
　また、類似の類型として、被害者がセクハラやパワハラを受けたとし
て休職を申し出たところ、使用者側は私傷病であるとして休職を命じ、
就業規則所定の休職期間が満了した時点で退職扱いしたところ、被害者
としては退職扱いが無効であるとして地位確認及び賃金支払いを請求す
るというケースもあります。

　これらの請求が訴訟で行われた場合、解決が長引けば長引くほど、被害者の主張が認められた場合のバックペイの金額が大きくなるため、使用者側としては、金銭的なリスクの上限を設定して和解のテーブルにつくのか、あるいはリスクを負って最後まで争い続けるのか、難しい判断を迫られることがあります。

未払残業代等の請求

　必ずしも、セクハラやパワハラと論理的な関係はないものの、そのような行為が行われている職場では、時間外労働等に対し適正な割増賃金が支払われていないことも、珍しくありません。また、労働時間管理さえきちんとなされていない場合もあります。

　このような場合、被害者としては、使用者に対し、未払残業代等の請求も行うことが考えられます。使用者側において労働時間管理がきちんと行われていないような場合には、少なくとも1か月程度、始業時刻と終業時刻を手帳等に控えておく、位置情報付きのタイムカードアプリで記録する、（電車で通勤している場合には）Suica や PASMO の履歴を入手する等して、労働時間の特定に努めるようにすることが必要です。

　使用者側としては、普段から労働時間を適正に把握するとともに、時間外労働等に対し適正な割増賃金を支払っていないと、こうした形で紛争が拡大するおそれがあることを、普段から意識して労務管理を行う必要があります。

地位保全及び賃金仮払いの仮処分

　まれなケースですが、セクハラやパワハラを受けた被害者が内部告発を行うことにより、別の理由をつけて解雇されたような場合には、地位保全及び賃金仮払いの仮処分を申し立てることが考えられます。この場

合、訴訟や労働審判と比べて早いタイミングで双方審尋期日が指定され、うまくいけば、仮処分決定を発令してもらえたり、和解が成立したりすることもあります。

　もっとも、セクハラやパワハラを受けた被害者としては、本音では会社に行きたくないと思っているにもかかわらず、会社側が仮処分申立てを逆手にとって出社命令を出してきた場合、容易にこれを拒否することが難しくなることもあります（拒否した場合、少なくとも形の上では、出社命令という業務命令違反をしたこととなるためです）。そこで、この手続を用いる場合には、依頼者とよく協議し、こうしたリスクがあることを十分に説明し、納得を得ておく必要があるでしょう。

　なお、使用者に対する請求そのものではありませんし、金銭的な満足度は賃金仮払いの仮処分決定が発令された場合よりも少なくなりますが、被害者が休職を余儀なくされ、その間の生活が立ち行かない場合には、健康保険の傷病手当金を申請したり、労災の申請を行ったりすることも一案かと思われます。

将来賃金の請求

弁護士5年目　男性

困難な相談

　パワハラ被害に遭ったAさんから相談がありました。

　Aさんは、特殊な技能をもった専門職として、任期付きで勤務をしていたものの、形式的な条件を満たせば任期満了後も、通常は更新されるという勤務形態でした。

　パワハラ内容は、勤務先の上長にあたるＢさんから、自身の業務について個室に呼び出されて、強い口調ではないものの、ネチネチと２時間にわたってなじられ、他にも、自分専用だったはずの机・椅子がいつの間にか共用化されたり、ロッカーが別の人の専用に変更されたりと、陰湿な嫌がらせが継続されていたというものでした。

　このようなパワハラが続いたせいもあって、Ａさんは体調を崩し、医師の診断書が出る程度にまで精神を患ってしまいました。

　医師によれば、可能な限り、現在の職場を離れる方がよく、任期途中であっても、仕事を離れる方がよいということで、Ａさんも、きちんと条件が整うのであれば退職したいということでした。この時点で、残り２年程度の任期がありました。

退職の条件

　Ａさんとしては、退職に際して、①有給休暇は全て消化したい、②会社都合で計算された退職金を支払ってほしい、③体調を崩して「休暇」になっていた分について、休業損害を支払ってほしい、④任期までの将来賃金を支払ってほしいというものでした。

　①〜③までに関しては、退職に関する交渉で比較的多く見られるもので、①については、労働者側の権利ですから、多くの場合には行使可能ですし、②についても、パワハラの有無の事実に関する争点がクリアされていれば、交渉の余地がありそうな部分、③についても、パワハラと傷病との因果関係は認められそうでしたので、十分な交渉が可能かと考えていました。

　しかし、④については、ノーワーク・ノーペイの原則という言葉もあるとおり、雇用契約において、労務提供の対価として、賃金がもらえるということになっていますから、基本的には、現在時点で労務提供を全く予定していないことが明らかであるにもかかわらず、任期までの将来賃金を支払ってもらうというのは、(「パワハラさえなければ、少なくと

も任期までは働けたんだ！」という気持ちは大いに理解できますが）かなり困難であるように思いました。

　そのため、Ａさんに対しては、理論上、④を勝ち取ることは極めて困難なので、最終的な決着としては、「慰謝料」としてどれだけの金額を上乗せできるかが勝負になると伝えていました。

粘ってみると……

　さて、Ａさんに対しては、正直に現実を伝えたものの、確かに、パワハラさえなければその職場で、少なくとも任期満了までは働けていたのは、ほぼ間違いありません。

　Ａさんは、比較的マメに資料収集をしており、また経緯を自身のメモに詳細にまとめていたので、事案の把握は比較的容易でした。

　録音があると、やはり、文章だけよりも、ハラスメントか否かの判断に重要な、「業務上の指示や指導の範囲を超えたものか」が、声色、語気、話すタイミング、被害者側の話が聞き入れられている雰囲気があるか等々からよく伝わってきます。

　そこで、これらを踏まえて、諸々の事情について、録音や、メール資料などともかく嫌がらせが悪質と評価できることなどを縷々盛り込んで交渉をしてみました。

　その結果、相手方が、一定程度、将来賃金に相応する金額について、解決金として算定してくれることを承諾してくれたのです。そのほかの条件も、もちろん一定の譲歩はしたものの、Ａさんの希望の多くがかないました。

　その甲斐あってか、Ａさんからは、退職後に、精神的な不調からは解放されつつあるとの連絡もいただきました。

やれるだけやってみる

　この件では、たまたま、Aさんが気持ちを込めて、強い口調で将来賃金の点についても語ってくれたので、私としても交渉時にその点を外すということはあり得ませんでしたが、もともとそのような申し出がなかったときにまで、自分から「将来賃金の点はどうですか」と提案できていたかは自信がありません。

　これ以来、最初から、「法的には難しいだろう」と決めてしまって、何のアナウンスもしないということはできるだけしないように心がけています。

体験談2

「パワハラによる就労不能」の主張は客観的資料で肉付けしよう！

弁護士7年目　男性

事案の概要

　過去に担当したパワハラ事案（労働者側）で、慰謝料請求のほかに、「相手方のパワハラ等が原因で就労を継続できなくなったので、休業期間中の賃金を支払え」という請求をしたことがあります。

　事案は、Method 02の体験談2でお伝えしたものの続きとなります。主題との関係で重要な点に絞って再度お伝えします。

　依頼者は、保険販売代理店（以下「相手方」といいます）の営業職として、週のうち4日間は外回り営業をし、週1日だけ相手方の事業所に出勤するという体制で勤務をしていました。

依頼者は、相手方代表者から口頭・メールで度重なる暴言を受け、代表者と会うのが怖くなり、週1回の事業所への出勤を無断で休みました。それ以降、事業所への出勤はしなくなったものの、それ以外の業務は今までどおり実施し、相手方に対しては毎日業務報告のメールを入れていました。

　相手方は、依頼者が事業所への出勤をしなくなってから約2か月後、依頼者に対し、無断欠勤を理由として休職命令を発するとともに、会社の顧客管理システムのログインパスワードを変更し、依頼者がシステムにログインすることができないようにしました。

　その後、依頼者は、新しい職場に正社員としての勤務を開始したため、相手方に対して退職届を提出しましたが、それまでの期間中の賃金（依頼者が事業所への出勤をしなくなってから約半年分）が未払いとなっていたため、慰謝料とあわせて支払いを求めるべく、労働審判手続を申し立てました。

解雇事案ではないが「バックペイ」を主張してみた

　依頼者は、相手方事業所への出勤をしなくなってから約2か月間は、顧客管理システムを使って顧客との連絡をとり合い、また営業電話なども実施して、相手方に対して毎日業務報告のメールを入れていました。そのため、この期間中の賃金については、（週1回の事業所への出勤をしていないという事情はあったものの、）労働契約に基づく労務を一応提供しているといえたため、請求が認められる公算は相当程度ありました。

　これに対し、顧客管理システムのログインパスワードを変更されてから退職届を提出するまでの約4か月間については、依頼者は特に労務の提供をしていませんでしたので、民法536条2項に基づくいわゆる「バックペイ」の請求を検討しました。具体的には、相手方代表者による度重なる暴言により事業所への出勤が不可能になり、その後に顧客管

理システムのログインパスワードを無断で変更されたことで営業業務にも従事できなくなったので、このような事情が「債権者（使用者）の責めに帰すべき事由によって債務（労務の提供）を履行することができなくなったとき」に当たると主張しました。

これに対し、相手方は、パワハラの事実を否定するとともに、仮にそのような事実があったとしても就業不能状態にまで至っていたとは認められない、また、ログインパスワードの変更については、依頼者の無断欠勤を理由とする休職命令の一環であり、相手方の帰責事由によって就労不能となったものではないなどと反論しました。

労働審判委員会の心証

「バックペイ」の請求に関する労働審判委員会の心証は、当方にとって必ずしも有利なものではありませんでした。

特に指摘されたのが、依頼者の精神的苦痛が「就業不能」の状態にまで至っていたとは言えないのではないかという点でした。

依頼者は、事業所への出勤を休むようになった後、1回だけ精神科を受診したことはありますが、その後は特に通院していませんでした。労災保険の給付を受けるための認定基準（「心理的負荷による精神障害の認定基準について」平成23年12月26日基発1226第1号）に照らしても、給付申請は難しいという状況でした。そのため、相手方のパワハラにより、依頼者がどれほどの精神的苦痛を被ったのかという点については、客観的な証拠が乏しかったのです。

他方で、相手方によるパワハラ行為の存在とその内容については、相手方代表者から送られてきたメール履歴等の客観的証拠により相当程度立証できており、「債権者（使用者）の責めに帰すべき事由」の存在については認められていたと思います。しかし、それによって「債務（労務の提供）を履行することができなくなった」といえるかどうかについては客観的資料が乏しく、民法536条2項に基づく請求は認められない

可能性があるという心証でした。

　なお、顧客管理システムへのログインパスワードを変更した点については、休職命令の一環として合理性が認められる可能性があるという心証のようでした。個人的には、依頼者は週1回の事業所への出勤（それも1時間程度のミーティング）を休んだだけで、それ以外の時間は業務に従事して報告も上げていたのに、休職を命じることは全面的に正当化できるのかという疑問があったのですが、労働審判委員会の判断はこちらにとって厳しいものでした（無断で出勤をストップしたという点が当方にとって不利な判断に傾いたようです）。

客観的資料で立証可能かどうか冷静に判断しよう

　最終的にこの件については、慰謝料と約3か月分の賃金相当額を支払うという内容の調停が成立し、解決となりました。

　今回の事案では、依頼者はすでに相手方を退職しており、請求金額もそこまで多くなかったことから、労働審判手続による解決が図られましたが、退職せずに争う場合には「バックペイ」の金額も相当高額にのぼるため、解決に向けた手段として訴訟手続が視野に入ってくるケースもあるかと思います。

　しかし、パワハラを原因とする「バックペイ」の請求は、被害者の精神的苦痛がどの程度客観的に立証可能なのかを慎重に見極めたうえで主張するのが望ましいと、この事案を経験して思うようになりました。

　ハラスメントの相談を受けた弁護士としては、被害者の苦しみに可能な限り寄り添いつつも、その苦痛の内容を示してくれる客観的資料がどの程度存在しているか、あるいは今後収集できるかどうかについては、常に冷静な判断を心がける必要があると思います。

心は熱く、頭は冷静に

　体験談1、2では、同じ賃金に係る請求を行っていながら、「できるだけやってみる」（体験談1）、「常に冷静な判断を心がける必要がある」（体験談2）という、一見すると対照的とも思われる意見で締めくくられていますが、どちらも重要な視点ではないかと思われます。

　被害者代理人としては、何をどこまで主張するかについて、解決の仕方というゴールイメージを常にもちつつ、背後の依頼者を意識するだけではなく（はじめの請求金額を大きくすると、裁判所から低い金額での心証開示を受けた場合、依頼者の説得に苦労する例も多くあるように見受けられます）、裁判所や、その先にいる使用者側を説得できるだけの材料が揃っているかを意識して、冷静に検討する必要があるでしょう。

Method
09 | 相談段階〜使用者側①〜

▸ **調査は公正に、
結果のフィードバックは丁寧に!**

——ハラスメントの申告があった後の対応が相談者の不信感を招き、紛争へと発展することは、何としても避けなければならない。そのためにはどのような対応を心がけたらよいか。

使用者の責任

　ハラスメントについては、セクハラに関しても、パワハラに関しても、使用者には防止のための雇用管理上の措置を講じることが義務付けられており、厚生労働省の指針により措置義務の具体的な内容が示されています。

　このような措置を怠った場合、被害者から使用者に対して、使用者責任や、被害者に対する安全配慮義務違反ないし職場環境配慮義務違反の不法行為又は債務不履行責任が追及されることがあります。

　そこで、事前策として、事業主の方針の明確化及びその周知・啓発、相談に応じ適切に対応するために必要な体制の整備を行うことも重要ですが、被害申告や相談があった場合の事後対応も、極めて慎重に行わなければなりません。

調査の方法

　弁護士としては、被害申告や相談がハラスメント発覚の端緒になった場合には、その後の対応について、使用者に不法行為や債務不履行責任を追及されるようなことがないよう、迅速に調査を行い、措置を検討するよう、適切にアドバイス・対応しなければなりません。

　初期対応として、まずは事案に係る事実関係の迅速かつ正確な確認が求められます。相談者、行為者の双方から事実関係を確認し、当事者間で主張に不一致がある場合等には、第三者からも事情聴取を行うこととなります。

　相談者が相談を行っていること自体を行為者に知られないよう配慮を求めている場合には、ハラスメントの調査として事情聴取を行っていることを察知されないような形で聴取を行うなどの工夫が必要となります。

　なお、聴取の方法によっては、聴取者の先入観に基づく調査が行われるなどして、正確な事実関係が把握できないことがあります。会社担当者から調査の方法や結果について相談を受けた場合には、先入観に基づく調査が行われていないか、調査対象の第三者が、相談者・行為者のいずれかに配慮した発言をせざるを得ない状況の下聴取が行われていないか等を確認し、公平性、正確性に十分留意した調査を行うよう指示する必要があります。無記名アンケートの方式での調査が有益だったこともありますので、企業規模や事案の内容によっては検討してもよいでしょう。

　ハラスメントを裏付け得る材料として、メールのやり取りや、LINEのやり取りが存在することもありますので、その場合は、それらの資料についても提出を求め、提出が得られた場合には、内容を精査することとなります。

調査の結果、ハラスメントが認定できなかった場合

　調査の結果、ハラスメントが認定できないとの結論に至る場合もあります。その場合でも、相談者に対し、その結果のフィードバックが粗略な方法でなされると、相談者の不信感を招き、使用者との間の紛争を誘引しかねません。

　そこで、ハラスメントが認定できないとしても、相談者への調査結果のフィードバックは、丁寧に行う必要があります。調査方法、検討内容、検討結果及びその理由等をプライバシーに配慮したうえでできる限り詳細に伝え、理解を得られるよう真摯に説明すべきです。

　ハラスメントには該当しないとしても、相談者と行為者との間の人間関係が悪化していること自体は争えない場合もありますので、その場合は、可能であれば、配置転換等により、相談者と行為者の接触が少なくなるよう配慮することも検討することとなります。

　なお、使用者は、被害申告をしたことにより、不利益処分をしてはならないとされていますので、調査後、相談をしたことにより不利益処分を受けたと相談者から疑われるような処分をしないように十分配慮すべきです。相談者のみ配置転換するような場合には、「なぜ私が配置転換で、行為者はそのままなのだ」などと不満を招くこともありますので、配置転換の理由についても十分に説明をしたうえで、理解を得るよう努める必要があります。

弁護士倫理に要注意！

弁護士7年目　男性

「当事者を同席させてもいいですか？」

　企業（使用者側）の顧問弁護士をしていると、企業内で何らかの事件が発生したとき、代表者や法務担当から、「その事件に関与した従業員に詳しい事情を説明させたいのですが、相談に同席させてもいいですか？」と聞かれることがよくあります。

　私自身、弁護士になりたての頃は、詳しく事情聴取ができれば具体的な方針が立てられるから、同席させてもよいのではないかと安易に考えていました。

　しかし、その従業員の関与の度合いが強い場合、とりわけ、その事件の当事者であるというような場合には、弁護士倫理上の問題点に細心の注意を払わなければなりません。近時、この点が特に問題となりやすい事件類型の1つが、ハラスメント事案だと思います。

どのような弁護士倫理上の問題があるか

　ハラスメント事案において、被害を訴えた従業員（「A」とします）から加害者であると名指しされた従業員（「B」とします）は、自身の責任を否定あるいは軽減するために、自身に有利な事情を主張してほしいと考えます。

　他方、使用者（「C社」とします）としては、Aがハラスメントであると主張する事実の有無や程度を確認し、場合によってはBに対して

人事上の処分を下す必要がありますし、AがC社に対して損害賠償請求をしてきた場合には、できる限りBにその責任を負担させたいと考えます。

　このように、ハラスメント事案は、当初は顕在的ではなくても、将来的にBとC社との間で相容れない事情が生じ、利益相反の状況に陥るリスクが高いといえます。このような状況が予想される以上、C社の代表者や法務担当者が「Bを相談に同席させたい」と言ってきても、弁護士としては断るべきではないかと、個人的には考えています。

「同席させてもよい」という反対意見

　このような考え方に対しては、おそらく反対意見もあり得ると思います。C社としては、詳しい事情を聞かなければ、Bの責任を追及すべき事案なのか、それともAの供述が真実ではなかったり針小棒大であったりしただけで、Bを守るべき事案なのかを判断することはできません。C社の顧問弁護士としては、正確な方針決定のためには、当事者である（と言われている）Bだけが認識している事情を聞く必要があり、Bを相談の場に同席させる必要があるという意見です。

　しかし、このような方法は、やはり弁護士倫理違反の危険性が高いのではないかと思います。

　Bの相談を少しでも聞いている以上、その後にBとC社の利害対立が顕在化した場合、C社の「相手方」となるべきBから協議を受けて「賛助」した事件、あるいは、Bから受けた協議の「程度及び方法が信頼関係に基づくと認められる」事件となりますから、C社の依頼を受けることは弁護士職務基本規程27条1項又は2項に抵触するのではないかと考えられるためです。

　なお、ここでいう「賛助」とは、「協議を受けた当該具体的事件について、相談者が希望する一定の結論（ないし利益）を擁護するための具体的な見解を示したり、法律的手段を教示しあるいは助言すること」で

あるとされており（日本弁護士連合会弁護士倫理委員会編著『解説「弁護士職務基本規程」〈第 3 版〉』日本弁護士連合会（2017 年）80 頁）、そこまでには至らず B と弁護士との間の信頼関係も構築されない「事情聴取」であれば、上述の規程への抵触は生じないかもしれません。しかし、「相談」か「事情聴取」かの線引きは微妙であり、C 社の相談の場に B を同席させることは、弁護士からアドバイスを得られるかもしれないという B の期待を裏切ることになりかねませんので、やはり避けるべきであろうと考えます。

弁護士はハラスメント事案の調査にどのように関わるべきか

　とはいえ、弁護士としては、顧問先である C 社のために、最適な解決方針をアドバイスしなければなりません。そのためには、上述のように、事件の当事者を含めた関係者からの詳細な事情聴取が欠かせません。

　私自身は、このような場合、まずは C 社の法務担当との間で入念な打合せを行ったうえで、法務担当の方で事情聴取を進めてもらうよう指示をします。A がどのような事実を理由にハラスメント被害を訴えているのか、それはハラスメントの中のどの類型にあたるのか、その類型においてはどのような事実が損害賠償請求権の発生原因とされているか、などといった点を分析し、関係者から重点的に聴取すべき事実関係をピックアップします。

　そのうえで、B がハラスメントを認めているか、それとも否定しているかによって、弁護士としてとるべき対応を考えます。

　B がハラスメントを認めている場合は、B と C 社との間ではすでに利益相反の状況が顕在化していると考え、原則として B とは直接接触せず、接触の必要がある場合には「懲罰委員会」の事情聴取として呼び出すこととするなど、B が弁護士に対して期待を抱かないように徹底します。

反対に、Bがハラスメントを否定しているときは、C社としては、場合によってはBを守らなければならず、またAに対しては使用者として一定の説明をしなければならない立場に立たされます。C社が対応を誤れば、AからもBからも責任を追及される危険性がありますので、非常に難しい状況です。過去に同様の事件を扱った際には、Bに対しては弁護士倫理上の問題により代理人に就任できないことを率直に伝えたうえ、他の弁護士を紹介することとしました。他方、Aに対しては、従業員複数名と専門家からなる「調査委員会」を組成し、スケジュールに沿って関係者からの事情聴取を行い、調査結果については理由を付して回答するなど、会社として真摯に対応している姿勢を示すことに重点を置きました。

　その他にも、事案によってさまざまな調査の方法、被害者・加害者対応の方法があると思いますが、アイデアを思いついたらいったん慎重になり、その方法が弁護士倫理上問題ないかを確認し、心配であれば何人かの先輩弁護士にアドバイスを求めながら、依頼者のために最善の手段を模索していくことをおすすめします。

体験談2

念には念を入れた対応を！

弁護士10年目　女性

初動は迅速に

　A社の人事担当者から以下の相談を受けました。相談内容は、営業事務を担当する20代の女性から相談窓口を通じてセクハラ被害の申告があったが、被害者がかなり感情的になっており、「場合によっては刑

事告訴も辞さない」と話している、というものでした。一方、加害者とされている営業課長は、上司や部下からの信頼が厚く、営業成績も優秀であり、Ａ社にとって貴重な人材であることから、会社としてどのように対応すべきか悩ましいとのことでした。

　セクハラ案件は、加害者と被害者の間に認識のズレがあることが多く、被害者は大きな心理的ストレスを抱えることになりますので、さらなるトラブルの発生を防ぐためにも、会社には迅速な対応が求められます。

　まずは、被害者と加害者の物理的な隔たりを設ける措置を速やかに講じることが急務となります。そこで、Ａ社には、少なくとも事実関係を正確に把握するまでは、被害者をテレワーク勤務等に変更するなどし、その間に双方当事者の聴取を慎重に進めること、被害者の聴取は、必ず女性が担当すること、聴取内容は、後の証拠となることから、被聴取者の了承を得たうえで、録音や録画による記録をとっておくことをアドバイスしました。

聞き取りは慎重に

　Ａ社からの後日の報告によると、被害者は、部内で開かれた送別会の帰り、加害者とエレベーターで２人きりになった際に、いきなり抱きつかれ、臀部を触られたということでした。他方、加害者は、当日は、かなり酒に酔っており、はっきりした記憶がないと答えたそうです。被害者の申告が真実であれば、強制わいせつ罪に該当する可能性があるものの、エレベーターという密室での出来事であり、事実関係を解明するには時間がかかると思われました。そこで、まずは、両当事者の不安を除去することを最優先に、これまでの関係性も含めた慎重な聞き取りと丁寧なメンタルケアを継続するよう助言しました。

　被害者によれば、加害者との関係性は概ね良好であり、これまでセクハラまがいの言動は全くなかったそうです。加害者に対する信頼関係があったからこそ、今回のことで大きなショックを受けてしまったという

ことでした。加害者に被害者の心情を伝えると、記憶はないものの、事実を争うつもりはなく、自己管理を怠ったことで被害者に多大な迷惑をかけてしまったのであれば、心から謝罪したいし、処分についても厳粛に受け止める覚悟があるとのことでした。送別会に参加していた他の社員からの聴取では、加害者は、普段、お酒の席で乱れるような人ではないが、その日は、朝から体調が悪かったようで、帰る頃には、立っているのも辛そうだったということでした。

　当事者の立場や心情に配慮しつつ、会社主導で双方の主張を丁寧に擦り合わせたことが奏功し、結果的には、被害者が加害者の謝罪を受け入れ、10万円の解決金で示談が成立しました。

　セクハラは、周囲の目のない場所で発生することがほとんどであり、加害者が否認していたり、記憶が曖昧である場合、真実の解明は困難を極めます。そのため、先入観による偏った判断や拙速な決めつけをしてしまう危険性が高く、その結果、当事者に不満の種が残れば、後々、会社の責任を問われる事態にもなりかねません。

　今回のケースも、初動を誤れば、労働事件や刑事事件に発展していた可能性が高い事案であったと考えられます。白か黒かの判断に迷う事案こそ、結論を急がず、丁寧かつ慎重な当事者対応に注力することが肝要です。

事後対応も忘れずに

　示談後、A社では、速やかに配置転換がなされ、被害者と加害者は、それぞれが別の部署で勤務することになりました。事件が解決したからといって、当事者の関係性が完全に回復するわけではありません。また、当事者にとっては、事件を知っている周囲の目が大きな心理的負担になることにも配慮しなければなりません。無為なストレスを軽減し、働きやすい環境を整えることは、再発防止の観点からも必要不可欠な措置といえるでしょう。

ワンポイントアドバイス

迅速・公正・念入りに

　ハラスメント事案は、対応がなされない時間が長ければ長いほど、被害者の被害感情が増幅したり、過大なストレスを与えたりする可能性が高く、問題が大きくなってしまうリスクがありますので、とにかく迅速な対応を心がける必要があります。また、被害者と加害者の認識のズレが大きいこともさながら、調査者においても、何らかの先入観をもった調査を行ってしまいがちですので、公正な立場からの調査を十分に心がけなければ、正確な調査結果が得られない危険性があります。弁護士自身が調査にあたる場合には、弁護士倫理にも配慮しなければなりません。さらに、加害者、被害者、聞き取り対象者のプライバシーへの配慮や、今後の平穏な職場環境の形成維持も求められますので、各人の職務上の地位や関係性に鑑みた慎重な対応も必要となります。

　このように、対応が難しいだけに、対応方法について、顧問先等から相談がある場合も必然的に多くなってきます。調査の際に心がけるべきことをしっかりとアドバイスできるよう準備しておきましょう。

相談段階〜使用者側②〜

▶ 懲戒処分の基本、
おさえてますか？

——使用者側弁護士として、ハラスメント加害者に対する懲戒処分を行おうとする場合は、懲戒処分の有効要件を満たしているかを検討しなければならない。すなわち、懲戒処分を行う場合には、①懲戒事由該当性、②懲戒処分の相当性、③適正手続の3要件を検討することになる。それぞれどのような点に注意していくべきか。

懲戒事由該当性

　懲戒処分を行うにあたっては、①懲戒事由該当性（就業規則上の根拠）、②懲戒処分の相当性（労働契約法15条）、③適正手続の3要件を検討することになります。

　まず、①懲戒事由該当性は、就業規則の条項のいずれの事由に該当するのかを検討します。就業規則に規定している懲戒事由に該当しない行為が行われた場合は、懲戒処分をすることはできません。例えば、極端な話ですが、社内の物品を窃取した人がいたとしても、「社内の物品を窃取した場合」を懲戒事由として規定していなければ、懲戒処分はできません。

　そこで、懲戒事由をあらかじめ適切に規定しておくことが必要となるわけですが、全ての事象をあらかじめ予測して規定しておくことには限界があります。そのため、懲戒事由として、「その他前各号に準ずる程度の不都合な行為があったとき」などとして、包括的な条項を設けておくことが必要になります。

　次に、懲戒処分は被懲戒者にとって有利であるからといって、就業規則の規定を無視して、軽い処分にすることはできません。就業規則の規定を無視して裁量で重い処分にすることができないことは常識的に理解できるかと思いますが、裁量で軽い処分にすることもできませんので、ご注意ください。

　例えば、就業規則において「社内の物品を窃取した場合は出勤停止」と規定されている場合には、それを裁量によって、裁量で軽い「譴責」にすることは原則としてできません。それをするには、出勤停止の規定の中に、「ただし、情状によって譴責にすることができる」と定めておくことが必要になります。

　このように、懲戒処分を行う際は、まずは就業規則の規定を精査して、その根拠となる条項があるか否かを「厳格に」検討する必要があることに注意しましょう。

　懲戒事由が発生していない平時において、就業規則の規定をあらためて確認し、懲戒に関する規定に不十分な点がないか精査しておくことが肝要です。

懲戒処分の相当性

　懲戒事由該当性が認められたとして、その次に検討すべきは、いかなる懲戒処分を選択するか、その程度はどうするか、という点です。例えば、譴責・減給・出勤停止が選択可能な場合に、そのいずれを選択するのか、仮に出勤停止を選択したとして出勤停止3日とするのか出勤停止10日とするのかといった事柄を判断しなければなりません。

懲戒処分が相当性を欠く場合は、権利を濫用したものとして懲戒処分が無効になります（労働契約法15条）。そこで、懲戒処分の相当性を判断するうえで必ずチェックしなければいけない点があります。それが「比例原則」と「平等原則」です。

　比例原則とは、非違行為とそれに対して選択される懲戒処分との間に均衡を求める原則です。平たく言えば、軽い懲戒事由に対しては軽い懲戒処分を選択し、重い懲戒事由に対しては重い懲戒処分を選択すべきということです。よって、就業時間に遅刻したという軽い懲戒事由に対して懲戒解雇という重い懲戒処分を選択すると、比例原則違反になります。

　次に、平等原則とは、同様の非違行為に対して選択される懲戒処分は社内の労働者の間で同じものであるべきという原則です。例えば、無断欠勤をした労働者が2人いたとして、片方には譴責という軽い懲戒処分を選択しつつ、もう片方には出勤停止という比較的重い懲戒処分を選択したとします。この場合、そのように取扱いに差異を設けた理由を合理的に説明できないのであれば、かかる取扱いは平等原則違反になるでしょう。

　平等原則違反でないかをチェックする際に重要なことは、「過去の懲戒事例と比べて、平等な取扱いになっているか」という視点をもつことです。過去に同じような非違行為をした労働者がいた際には黙認しておきながら、今回は重い処分にするとなると、公平性を欠いてしまいます。その意味で、会社内においては、過去に、いかなる事例に対していかなる懲戒処分を行ってきたのかを整理してストックし、一覧化できるようにしておくべきでしょう。

適正手続

　懲戒処分は適正な手続に則って行われるべきです。就業規則に「懲戒処分をするには、事前に、その者に対して弁明の機会を与えなければならない」という規定があるにもかかわらず、弁明の機会を与えずに行わ

れた懲戒処分は手続違反として無効になるでしょう。

　では、就業規則に事前に弁明の機会を与えるべき旨の規定がない場合に、弁明の機会を与える必要はあるのでしょうか。

　この点、裁判例は、就業規則に事前に弁明の機会を与えるべき旨の規定がない場合に、懲戒処分が弁明の機会を与えずに行われたとしても、その一事をもって懲戒処分を無効とはしていません。

　しかし、弁明の機会を与える方が、適正手続の観点から望ましいことは当然です。懲戒処分が無効となるリスクをできるだけ低減するという観点からは、就業規則に事前に弁明の機会を与えるべき旨の規定がない場合であっても、できるだけ弁明の機会を与えることが望ましいといえるでしょう。

体験談 1

パワハラと鋏は使いよう……なのか？

弁護士 8 年目　男性

会社にとってパワハラとは？

　パワハラは決して許されない行為です。

　パワハラは、被害者に対して肉体的・精神的ダメージを与える行為であり、パワハラを放置することは、会社にとっても社内秩序の乱れや生産性の低下などの大きなリスクを抱えます。

　しかし、会社の立場からすると、一概に許されない行為であると断じることが難しいと考えるケースもあるようです。

相談内容

　ある会社から、従業員Aが、上司Bからパワハラを受けているので、上司Bとは別の部署に異動させてほしいと申し出ているがどのように対応すればよいかと相談が入りました。

　そこで、会社に従業員Aと上司Bの事情聴取と、またメール等のやり取りを確認してもらったところ、上司Bが従業員Aに対して口頭やメールで叱責をしていることがうかがえたようでした。

　従業員Aの言い分としては、上司Bから日常的、継続的に叱責を受け、その叱責の態様も、人格を否定する内容が含まれており、うつ状態になっているとのことでした。

　他方、上司Bに聴取をすると、従業員Aの業務にはミスが多く、教育・指導をしたのであって、いじめや嫌がらせ目的で叱責したわけではないとのことでした。

　会社からも、上司Bの指導には若干行き過ぎの面がないわけではないが、従業員Aを熱心に教育をしてくれていた結果だと思う、体罰をしているわけでもないし、ここで上司Bをパワハラとして懲戒処分すれば、今後怖くて他の社員も部下を指導できなくなり、よい人材も育たなくなってしまうので、今回は処分しない方向で考えているとの意向が伝えられました。

　私が、本人の事情聴取の内容やメール等の内容を確認すると、従業員Aには同じミスを繰り返すなどの事情があったようで、上司Bが叱責することは致し方ない面がありそうでした。しかし、上司Bのメールには従業員Aの人格を否定する内容が含まれていたり、時にはメールのCC（カーボン・コピー）で同じ部署の人にも閲覧できる形で叱責するなど、従業員Aのミスを改善させる範囲を逸脱するような態様が認められました。

　会社は、最終的には、上司Bの叱責行為がパワハラに該当するとして、上司Bに懲戒処分を行いました。

　他方で、従業員Aは、上司Bとは別の部署で働きたいと希望してい

たため、会社は、従業員Aの希望どおりの部署へ配置換えを行いました。

会社のためといえども……

　結論としては、上司Bの叱責行為がハラスメントに該当し、懲戒処分をすることになりましたが、当初、会社は、業務改善のために指導してくれた社員を処罰したくないという意向でした。会社としては、パワハラ行為を容認する意図ではなく、純粋に業務の一環として部下を指導・教育した行為を処罰できないという趣旨だったと思います。したがって、会社が抱いていた、指導・教育のための叱責がパワハラとして懲戒処分の対象としてしまうと、社員全員が部下への指導を躊躇してしまうのではないかという懸念は無理からぬところではあります。

　しかし、長期的に見れば、パワハラが横行する会社に社員は所属したいと思わないため、離職率も上がるでしょうし、メンタルヘルスに不調を来す社員が多くなり生産性の点でも問題が生じると思われます。

　そこで、従業員Aの件が解決した後、会社には、社員全員に対し、パワハラを絶対に許さない会社である、社員に働きやすい職場環境を提供するというメッセージを押し出した方がよい、それによりひいては社員全員のモチベーションアップにもつながることになるし、逆に、パワハラを放置することは会社にとってマイナスであることを説明しました。

　その後、その会社は、ハラスメントの相談窓口を設置するなど、ハラスメントの撲滅を推進しているようです。

営業部のエースだけは辞めさせたくない

弁護士7年目　男性

複数の上司によるパワハラ

　ある不動産会社の人事部長が相談に来ました。営業部に所属し、不動産の販売に従事している20代の男性社員Xさんが、上司であるA課長とB係長に何度も呼び出されては恫喝される等の被害を受けたというパワハラ事案についての相談でした。

　A課長とB係長は、Xさんを会議室に呼び出し、営業成績の不良を理由に長時間にわたって責め立て、人格を否定するような著しい暴言を吐き、時にはペンやノートなどをXさんに対して投げつけるなどの行為に及んでいました。これによりXさんはうつ病を発症し、休職を余儀なくされました。

　Xさん、A課長、B係長及びその他の従業員に事実確認した結果、Xさんに対する行為という観点ではA課長とB係長の間に主従関係はなく、2人が一緒になって同程度の加害行為を働いていたことがわかりました。

処分に関する会社の意向

　その後、人事部においてA課長とB係長の処分が検討されました。2人の行為が懲戒事由に当たることは明らかであり、行為の悪質さや過去の同種の事案などに鑑みれば、自らの行為を認めてXさんに謝罪したことを踏まえてもなお諭旨解雇が相当であろうと思われました。

　もっとも、Ａ課長は営業成績が突出してよく、営業部のいわゆるエースとして会社に大きな利益をもたらしており、これからの営業部を引っ張っていく存在であると目されていました。そのため、特に営業部からは、Ａ課長を辞めさせることは会社にとって大きな不利益になるとして、Ａ課長だけはせめて解雇以外の処分にしてほしいとの強い意見が寄せられていました。

　そこで、会社としては、Ｂ係長を諭旨解雇処分にする一方、Ａ課長については会社への貢献度を考慮して降格処分にとどめたいと考えており、このような対応に法的な問題がないかを確認したいとのことでした。

平等原則に反する可能性

　Ａ課長の営業成績を確認したところ、確かに他の社員と比べて優秀であり、会社が彼を辞めさせたくないと考えるのもわからなくはないと思いました。

　しかし、同じパワハラ行為を働いた２人について、一方のみを行為内容や過去の事例に照らして軽い処分にとどめることは、平等原則に反する可能性が高いと考えられました。より重い処分を科されることになるＢ係長からすれば自分だけが会社を辞めなければならないという結論は納得できないでしょうし、他の社員に対しても「成績さえよければ辞めさせられない」という誤ったメッセージを伝えることにもなりかねません。これにより、「会社はパワハラを軽く考えている」、「ハラスメント被害を受けても、きちんとした処分をして守ってくれない組織なんだ」という認識が共有され、社員全体の士気が低下するおそれもあると思われました。さらに、今後同様の事案が生じたときに、Ａ課長への処分が先例となり、適切な処分を下すことが難しくなるおそれも懸念されました。

　そこで、私からは、処分に差を設けることは、重い処分を科されるＢ係長から平等原則違反を理由に処分の有効性を争われる可能性を生じさ

せることを指摘するとともに、長期的な視点で見れば、職場環境への配慮を第一とし、パワハラに対しても毅然とした対応をとるという姿勢を示すことの方が会社全体の利益につながるのではないかとアドバイスしました。

最終的な会社の判断は……

　社内での再検討の結果、A課長、B係長ともに諭旨解雇処分が下されました。

　一部反発の声はあったようですが、会社がパワハラを許さないという姿勢を示すことが重要であるとの視点も踏まえ、やはり本件の行為の悪質さや過去の処分事例とのバランスなどを考慮して相当な処分を下すべきであろうとのことで、今回の処分が決められたようです。

　悪質なハラスメントに対して会社が毅然と適切な対応をすべきであることは間違いありませんが、実際に処分を下すにあたってはいろいろと悩ましい問題もあるのだなと考えさせられる事案でした。

ワンポイントアドバイス

トップメッセージを活用しよう！

　体験談の中でも触れられていますが、懲戒処分を行うにあたっては、平等原則に注意しなければなりません。過去の懲戒処分の例と比較して、殊更に重い処分を下すと、処分の有効性に疑義が生じかねません。

　ただ、例えばハラスメント被害に代表されるように、社会情勢の変化によって、これまでは軽い処分で済ませていた事象も、今後は、より重い処分で臨むべきと考えることもあるでしょう。

　そのような場合は、代表取締役名義で、全社員に対して、「今後は、ハラスメント被害について、過去の懲戒事例にとらわれることなく、厳正に対応する」といった内容のトップメッセージを発出することを検討してもよいかもしれません。

　というのも、これまで黙認してきたようなハラスメントに対して、今後懲戒処分を行っていこうとしても、平等原則の観点から、加害者側から「以前はこれくらいでは処分されていなかった」と反論される可能性があるためです。

　社会情勢の変化によって、過去の取扱いを変更したいと考えた場合、重要なことは、そのように考えた理由も含めて、対象となる行為を具体的に労働者に周知することです。かかる周知によって労働者は、「今後はハラスメントは厳しく処分されるのだな。気を付けよう」と認識することができるようになります。

▶ 言うべきことは言える
弁護士になろう！

──ハラスメント事案の場合、被害者が会社に対して、過剰な処分を求めてくることがある。

　時に個人的な攻撃の手段として、時に社内権力闘争の手段として。使用者側の弁護士としては、ハラスメント被害の訴えの中には、そのような不当な訴えが紛れ込んでいる場合があることを踏まえ、冷静に対応する必要がある。

あくまで中立的な観点から

　ハラスメント事案において、被害者が会社に対して、加害者への厳罰を求めてくることがあります。

　このような訴えは、被害者が本当に憤っていることからなされることが通常ですが、時に個人的な攻撃の手段として、時に社内権力闘争の手段として、そのような訴えが利用される場合もあります。

　加害者とされた人は、会社からハラスメントをしたと認定されてしまうと、その後、人事上の不利益を被ることも想定され、それはまさに、その人の人生を左右し得る一大事と言えます。

　よって、使用者としては、ハラスメント被害の訴えを、あくまで中立的な観点から事実認定を行う必要があります。予断をもって判断することは絶対に避けなければなりません。

　「この人ならやってそうだな」という印象や感覚に頼った事実認定は避けるべきです。いかなる事案においても、証拠から丹念に事実認定をすべきことは言うまでもありません。

「比例原則」と「平等原則」

　仮にハラスメントが行われた事実が認定できたとしても、これまでにも述べてきたとおり、「比例原則」や「平等原則」に違反する懲戒処分をすれば、事後的に、被懲戒者から、懲戒処分の有効性を争われるリスクがあります。よって、被害者が会社に対して過剰な処分を求めてきている場合であっても、「比例原則」や「平等原則」に違反しないようにする必要があります。

　労働契約法15条は、「使用者が労働者を懲戒することができる場合において、当該懲戒が、当該懲戒に係る労働者の行為の性質及び態様その他の事情に照らして、客観的に合理的な理由を欠き、社会通念上相当であると認められない場合は、その権利を濫用したものとして、当該懲戒は、無効とする」と定めています。

　ここで懲戒処分を行う場合に挙げられている考慮要素は、①当該懲戒に係る労働者の行為の性質及び態様と、②その他の事情です。被害感情の強さは②その他の事情に含まれ得るでしょうが、条文の文言からしても、まずは、①当該懲戒に係る労働者の行為の性質及び態様を重視して判断すべきであると考えます。

　使用者としては、ハラスメントがあったと認定できる事案において、被害者の被害感情・処罰感情が強い場合であっても、それに過度に流されることなく、「比例原則」や「平等原則」に則って、冷静に判断を下す必要があります。

101

懲戒処分以外の選択肢も

　加害者に対する処分としては、懲戒処分以外に、人事権の行使として
の配転命令が考えられます。まず、「懲戒権の行使」と「人事権の行使」
は全く別の問題であること、配転命令は懲戒処分として行うものではな
いということを理解しておきましょう。この区別は非常に重要です。

　配転命令は懲戒処分ではないのですから、その有効要件も懲戒処分と
は異なったものになります。すなわち、配転命令の有効要件は、①配転
命令をできることについて就業規則などに労働契約上の根拠があること
（なお、勤務地や職種を限定する合意がないことも必要）、②配転命令が
権利の濫用にあたらないことです。

　②に関しては、（ア）配転命令に業務上の必要性がない場合、（イ）不
当な動機・目的でなされた場合、（ウ）労働者が通常甘受すべき不利益
の程度を著しく超えている場合のように特段の事情がある場合でない限
り、権利の濫用にあたらないとされています。つまり、人事権の行使は
比較的広く認められる傾向にあります。

　そのため、例えば、ハラスメントの被害者と加害者が同じ部署で稼働
することに具体的な不都合・支障が考えられる場合には、加害者を別の
部署に配置転換するということも考えられます。

　このような配転命令は、懲戒処分とは異なり「人事権の行使」として
行うものです。被害者が望んでいる具体的な措置は、加害者に対する懲
戒処分や厳罰ではなく、「同じ場所にいたくない」ということがしばし
ばあります。その希望は、通常、加害者に対する懲戒処分では満たせま
せん。その希望を満たすためには、配転命令を下す必要があります。そ
うした場合には、上述の有効要件に照らして、配転命令をするか否かを
検討することになります。ただし、被害者の「希望」を重視しすぎては
いけません。あくまで中立的な観点から、会社として人事権を行使する
か否かを判断する必要があります。

あの人を絶対に辞めさせてください！

弁護士9年目　男性

職場の宴席での出来事

　ある部署の忘年会で起こった出来事です。

　総勢15名ほどの宴会が始まり皆で楽しく盛り上がっていたところ、上司（50代男性）が部下（30代女性）に対し、「まだ結婚しないの？」、「そんな男勝りだから結婚できないんじゃない？」、「相手がいないなら俺が相手をしてやろうか」などと発言しました。これを聞いた部下は「セクハラです！」、「許せません！」と激怒し、宴席の途中で帰宅してしまいました。

　上司は、自身の不適切な発言を反省し、翌日、職場で部下に直接謝罪しました。しかし、部下は、絶対に許さないとして、会社に対しセクハラ被害の申告がなされました。

被害者の強い処罰感情

　申立てを受けた会社は、上司と部下からそれぞれ経緯を確認しました。

　被害者である部下は、大勢の社員がいる場でプライバシーにも関わる性的発言をされたことにより深く傷ついたと述べ、上司を懲戒解雇するよう求めました。被害感情は峻烈であり、「上司を辞めさせなければ会社を訴える」などと厳しい態度を示していました。他方、上司から被害を受けたのは今回が初めてであり、それまでにセクハラじみた発言をされたことすら一度もなかったとのことでした。

103

上司は、発言の事実を認めたうえで、酔っていたこともあってその場を盛り上げようと不適切な発言をしてしまったと弁解し、もう二度と同様の行為に及ばないと深く反省している様子でした。

　さらに宴席に居合わせた社員にも確認したところ、確かに問題となっている上司の発言は事実であるものの、部下を殊更に貶めるような意図があったようには見受けられなかったとのことでした。また、他の社員に対するものを含め、上司が本件以外にセクハラ行為を働いていた事実は一切ないことがわかりました。

懲戒処分に関する会社の考え

　会社は、問題となっている上司の発言があったことを認め、それが職場環境を害する性的言動であるとしてセクハラ行為にあたり、ひいては懲戒事由に該当すると結論づけました。

　会社は、上司が部署をとり仕切る立場にありながら職場環境を害する不適切な発言をしたことについて、軽微なものということはできない一方、部下を貶める意図があったとはいえないこと、単発の行為であり他にセクハラ被害が生じていないこと、部下に対して謝罪し、真摯に反省していることなどの事情を踏まえて、譴責処分とするのが相当であると考えました。

　しかしながら、譴責とすれば、懲戒解雇を求めている部下の感情との乖離が大きく、部下と会社との間で新たなトラブルが生じないかが懸念されていました。

適切な処分の選択を

　相談を受けた私は、懲戒処分を決めるにあたって被害感情も重要な1つの考慮要素ではあるものの、今回の行為の内容や経緯などからすると、

譴責を超える処分は相当性を逸脱するものとして無効になる可能性が高いと考えました。

そこで、会社に対しては、①あくまで相当性のある処分を下すべきであり、被害者の意向を過度に斟酌するのは適切ではないこと、②本件は譴責が相当であり、それを超える処分をすれば上司から処分の無効を主張される可能性があること、③被害者に対しては、上司を譴責処分にした理由を丁寧に説明することをアドバイスしました。そのうえで、本件の上司と部下が同じ環境で働くことは困難であろうことから、上司の配置転換を検討すべきであろうとの意見を述べました。

被害者の意向をどこまで処分に反映させるか

その後、会社は、上司を譴責処分としました。また、上司を別の部署に異動させ、本件の上司と部下とが接触することのない環境となりました。

部下に対して上述の懲戒処分の内容を伝えたところ、当初はやはり会社に対する反発があったようですが、理由をできる限り丁寧に説明したことや、配置転換によって上司との関わりがなくなったことで、最終的には納得してもらえたようです。

ハラスメント被害を受けた方が強い処罰感情を有するのはごく自然であり、それを否定することはできません。しかしながら、その意向を必要以上に考慮しすぎてしまうと、加害者に対する過大な処分を招く結果となり、相当性を欠くものとして処分自体が無効になってしまうおそれがあります。被害者の思いをどこまで処分に反映させるかは悩ましい問題ですが、それに過剰に引きずられすぎることなく、社会通念に照らして相当な処分を下すことが大事だと思います。

先生、もっと重い懲戒処分でもいいのでは？

弁護士 15 年目　男性

少し行き過ぎた指導をした塾講師のケース

　学習塾を経営する会社の人事担当からの相談でした。ハラスメントの疑いをかけられたのは、現場で塾講師として働く K 氏でした。K 氏は、さまざまに工夫された講義の進め方で生徒から人気を集めるだけでなく、長年にわたる指導実績も積み上げており保護者からも支持を集めていました。

　ところが、ある日、講義中に私語をしていた生徒がいたので、「おい、そこ！　Y 君か。立て。立てと言うてるやろ。○○中学に行きたいんやったらおしゃべりしている場合と違うやろ。わかってんのか」と他の生徒が見ている前で立たせたうえ、Y 君にとって少し背伸びした志望校まで開示したことが行き過ぎた指導であるとして Y 君の保護者から会社に苦情がありました。会社はこの苦情を取り上げ、K 氏について、生徒に対するハラスメントに当たるとして調査が開始されることになりました。

弁護士への相談内容

　会社で必要な事実関係の調査をした後に、適正な懲戒処分について検討するための相談を受けることになりました。人事担当からの相談資料には、保護者からの苦情内容を記録した書類、K 氏が入社時に会社に提

出した履歴書・職務経歴書、K氏の指導実績、K氏本人を含む関係者ヒアリング結果、時系列表などがありました。これらの資料によれば、K氏が講義中にY君に対し上述の発言をしたことは認定できる事案でした。発言をしたことはK氏自身も認める一方で、少々感情的になってしまって言いすぎたと反省している様子もうかがえました。

　人事担当からは、この後は懲戒処分の通告に先立って弁明の機会をK氏に付与する予定であるが、就業規則に規定する懲戒処分のうち、どれを選択することが適正かと尋ねられました。

せいぜい「戒告」が相当ではないでしょうか

　Y君の保護者は、講義中に生徒の志望校を他の生徒にも明かしたことは大いに問題視されるべきだと述べていました。確かに、生徒の志望校は生徒や保護者と進学相談を受ける中で聞き出した情報であり、それを漏らすことは信頼関係を損なう行為で、生徒の学習動機を損ねかねないものであり教育関連事業に携わる者として決して軽視できるものではありません。教室で他の生徒が注視する中で立たせるということを直ちに体罰として評価してよいかは悩ましいものの、少なくとも恥をかかせることになったのは確かです。

　しかし、発言の契機となったのはY君の私語であり、指導の必要性があったことも確かです。

　また、Y君自身は会社のヒアリング対象者になっていないものの、後日K氏に対して直接講義中の私語について謝ってきたとのことでした。結果としてY君は志望校を変更していませんでしたし（相談後の事情ですが実際○○中学に合格）、人事担当は、他の講師はたまたま苦情を受けないだけで今回のK氏よりも厳しい指導をしていることを仄聞しており、K氏の実績も鑑みると気の毒にさえ思っているようでした。私もこれらの事情や本人が反省していることも考慮すると、懲戒処分なしとするか、懲戒処分をするとしても就業規則が規定する中では最も軽い

「戒告」が相当ではないかと意見を述べました。

しかし、それでは社長が……

　人事担当もこれを聞いて、「こう言うと失礼ですが、私も先生はそのように答えるかなと予想していました。個人的には、先生のおっしゃるように進めたいと思っています。ただ……」と言ったかと思うと声をひそめて続けました。聞くと、どうやら社長がK氏をうとましく思っており、できる限り重い懲戒処分を望んでいるとのことでした。社内の背景は、普段外部にいる弁護士にとってすぐには理解し難いものですが、最近K氏は社長や他の取締役に経営方針や、クラス分けの仕方、使用教材について意見をするようになっており役員との関係性が冷ややかになっていたそうです。K氏への処分が「戒告」、ましてやお咎めなしだとすると取締役会も紛糾するおそれがあるとのことでした。

武士の二言？

　私はこれを聞き、それではお咎めなしということではなく懲戒処分とすることにしてはどうか、それでも「戒告」より重い懲戒処分だと、万一訴訟になったときに有効であるという判決を受ける保障まではできないと述べました。結果として、K氏は「戒告」を甘受したようで、その有効性を争うことはありませんでした。ただ、初めはお咎めなしでもよいと言っていたのに、後から聞いた社内事情から忖度（？）して、撤回して「戒告」にしましょうとしたのは、本来あるべき弁護士の助言の姿からかけ離れてしまったかもしれないと気になっています。依頼者の利益を考えれば間違っていたとも思えませんが、他方で、懲戒処分は企業秩序の維持・回復のために科されるものですから、処分を受ける者への「肝銘力」も考えると厳格に考える必要があり、弁護士が一度述べたこ

とを撤回してよかったのかなと懸念が残りました……。

ワンポイントアドバイス

法律家に忖度は不要

　体験談でも述べられていますが、被害者による申告を契機として調査が開始されているため、でっち上げやねつ造とまでは言えないものの、使用者が加害者（調査対象者）のハラスメント行為についてその態様や被害について加害者に不利に働く事情を集め、それを殊更強調することにより、訴訟等になれば相当性を欠くと判断されるかもしれない重い懲戒処分を加害者に科すことができないかと相談されるケースがあります。

　職場におけるハラスメントを撲滅しようという社会的気運も高まっており、時にはハラスメントの疑いは、組織から排除したい存在に対する攻撃手段として利用されることもあります。

　話を聞いているうちに社内の権力闘争であったり、個人的な好き嫌いの結果として、過剰な処分を求めていることが見えてくるわけですが、法律家としては、下手な忖度をする必要など全くなく、証拠に基づき認定できる事実は何か、加害者にとって有利不利いずれの事情も考慮して社会通念上相当性のある懲戒処分は何かについて助言することが必要だと考えます。

12 利益相反・相談窓口

▶ 常に中立性を意識すべし

——セクハラやパワハラに関する内部通報窓口を、会社の顧問弁護士が務めることは可能か。また、これらの事象が起きたとして第三者委員会が設けられ、弁護士がその一員に加わり一定の結論を出した後、被害者から訴訟提起を受けた場合に、その弁護士が使用者の代理人となることは可能か。

ハラスメント相談窓口の設置義務化、対応フロー

　2019年6月に成立した改正労働施策の総合的な推進並びに労働者の雇用の安定及び職業生活の充実等に関する法律（以下、労働施策総合推進法という）30条の2第1項は、「事業主は、職場において行われる優越的な関係を背景とした言動であつて、業務上必要かつ相当な範囲を超えたものによりその雇用する労働者の就業環境が害されることのないよう、当該労働者からの相談に応じ、適切に対応するために必要な体制の整備その他の雇用管理上必要な措置を講じなければならない」と規定し、これにより相談窓口の設置が義務付けられました。また、「事業主が職場における優越的な関係を背景とした言動に起因する問題に関して雇用管理上講ずべき措置等についての指針」（令和2年厚生労働省告示第5号）において、措置義務の中に窓口設置が含まれることが明示されてい

ます。雇用の分野における男女の均等な機会及び待遇の確保等に関する法律（以下、男女雇用機会均等法という）11条、育児休業、介護休業等育児又は家族介護を行う労働者の福祉に関する法律（以下、育児・介護休業法という）25条にも、体制整備等の措置義務が定められています。

　使用者が被害者による申告や通報によりハラスメントの可能性を覚知した場合、まずはできる限り①加害者とされる側と被害者の隔離を行います。次に、②証拠の確認、③ヒアリング（被害者→目撃者や同じ部署の社員などの第三者→加害者とされる側）を実施し、②、③をもとに④事実認定をして、⑤加害者の処分や配置転換を決定し、⑥再発防止策を策定・実施します。

　ハラスメント防止指針においては相談窓口を外部に設置することも例として挙げられており、②、③、④については顧問弁護士ではなく、外部の弁護士に依頼して中立性を確保することも有効です。

　各フローについて、私が調査担当をする際に工夫していることを紹介のうえ、解説します。

窓口担当者の責任

　窓口担当者にも独自に賠償義務が認められた裁判例があるため注意喚起をしておきます。

　横浜地判平成16年7月8日判時1865号106頁〔28092474〕は、市の女性職員が相談窓口に上司のセクハラを申告したものの、相談窓口責任者が重要な事実の調査・確定を十分に行わず、当該女性職員の保護や当該上司に対する制裁もしなかったことについて、国家賠償法上の違法性を認め、ハラスメント行為者の行為に関する慰謝料とは別に、相談窓口責任者の言動に関する慰謝料（80万円）を認めました。

　広島高松江支判平成21年5月22日労判987号29頁〔28153451〕は、他の従業員を誹謗中傷した疑いがある従業員が、人事担当者と面談した

際に人事から大声で罵倒された等を理由として人事担当者と会社に対し損害賠償を請求したケースで、10万円の慰謝料支払義務を認めました。

加害者と被害者の隔離

事業主側にとって、簡単なようで悩ましいのが加害者とされる社員と被害者の隔離です。調査開始前の時点で、加害者とされている側にハラスメント通報の事実を突きつけることが被害者の意向に沿わないことや、証拠隠滅等のおそれから望ましくないケースがあります。

こういった場合、たまたま定期の配置転換のタイミングであればよいのですが、そうでない場合、被害者側に配置転換や休職の協力を求めることも考えられます。しかし、ハラスメントの相談をしたこと等を理由とする事業主による不利益取扱いは禁止されている（労働施策総合推進法30条の2第2項）ため、どのような方法がよいのか、被害者の意向をきめ細やかに聴取し記録化しながら、慎重に進める必要があります。

東亜ペイント事件（最判昭和61年7月14日判時1198号149頁〔27613417〕）は、被害者側を転勤させたケースについて「当該転勤命令が他の不当な動機・目的をもつてなされたものであるとき若しくは労働者に対し通常甘受すべき程度を著しく超える不利益を負わせるものであるとき等、特段の事情の存する場合でない限りは、当該転勤命令は権利の濫用になるものではない」としており、被害者側を転勤させることも一定程度許されてはいるようです。

ヒアリング

ヒアリングを行う場合、必ず順序としては、被害者→目撃者や同じ部署の社員などの第三者→加害者とされる側の順で行います。

事前に事業主から、会社の組織図や聴取対象者の経歴及び懲戒歴等の

情報を取得しておくとスムーズにヒアリングできます。

　ヒアリングに応じない当事者がいる場合、労働局の調停を申し立てるよう関係者に指示することもあります。

(1)　共通

　プライバシーを確保するため、各当事者に「当窓口のルール」として、窓口に呼び出されたこと、話した内容等を第三者に口外しないという守秘義務誓約書への記入を求めるようにしています。

　また、聴取事項の記録化のため、各当事者の同意を得たうえで全て録音をし、反訳文書を作成します。私がこれまで担当した中では、録音することについて抵抗を示されたことはありませんでした。

　ヒアリングは基本的に男女1名ずつ2名1組の調査員で行うようにしていますが、内容や被害者の状態によっては、同性のみでのヒアリングも考えられます。

　ヒアリングの回数について、第三者については一度でよい場合もありますが、被害者及び加害者とされる側については、2回以上ヒアリングの機会を設けるようにします。

(2)　被害者側

　証拠となる資料があれば持参してもらうようにします。

　まずはハラスメント行為について、日時、場所、加害者、行為内容を確認し特定します。次に、加害者とされる側との関係性や、被害を受けるまでに何らかの経緯があったのか、等の事実関係を確認していきます。

　次に、録音データ、メールやLINE、日記、診断書、心療内科への相談の有無（カルテの有無）、目撃者、被害者が早期に相談した人物等の証拠関係を確認します。

　そして調査方法についてある程度説明をした後、調査方法及び求める解決、休職や受診等について被害者の要望を確認し、以降のヒアリング対象者と各人の呼び出し時期について同意を得ます。

　その他、他の機関への相談状況もあわせて確認しておきます。特に刑

事事件化しそうなケースでは、加害者とされる側の呼び出し時期の兼ね合いなど捜査状況を確認しておく必要があります。

(3)　目撃者、第三者

　第三者からのヒアリングについては、必ず事前に被害者の了承をとり、いつ頃呼び出す予定であるのか等の情報を共有し、でき得る限り不安を払拭するよう努めます。可能であれば、被害者経由で呼び出してもらうことも検討すべきでしょう。

　ヒアリングにおいては、後に信用性の検討をすることになるため、被害者及び加害者とされる側それぞれとの関係性をある程度詳しく聴取することが必要になります。

(4)　加害者とされる側

　原則、他の証拠関係を集めた後に、最後に加害者とされる側のヒアリングを行います。必ず事前に被害者の了承をとり、いつ頃呼び出す予定であるのか等の情報を共有しておきます。

　加害者とされる側に対しては、問題となっているハラスメント行為を特定して伝え、弁明事項があるか、何らかの証拠を提出できるか丁寧に確認していきます。

　被害者が加害者とされる側との接触を恐れているケースでは、ハラスメント行為の認否にかかわらず、被害者に自分から接近しないという内容の誓約書を記入してもらうこともあります。

事実認定

　集めた証拠とヒアリング結果から事実認定を行い報告書を作成します。調査担当者の性質が完全な第三者なのか、顧問弁護士なのかによっても異なりますが、事業主に対し、懲戒を行う場合の目安をあわせて示す場合もあります。同種事案との均衡も問題となることから、従前の懲戒情

報を共有してもらえる立場にあるかによってどこまで記載するかが変わってくるように思います。

懲戒、配置転換

　事業主は、従前の懲戒判断に照らして均衡のとれた相当な内容で懲戒処分することを検討します。懲戒処分を行う場合、処分通知書を作成し、事業主から加害者に説明を行います。公表を行う場合、名誉毀損の主張を受けないように、匿名を原則として、懲戒対象事実・処分内容のみ社内掲示とすることが望ましいでしょう。

　なお、減給の場合、労働基準法91条により、1回の額が平均賃金の1日分の半額を超え、総額が一賃金支払期の賃金総額の10分の1以内という制限があります。

　ハラスメント該当性が否定された場合でも、加害者とされた側から心理的負担を理由として、被害申告をした側との接触がない業務への配置転換を希望することがあるので、必要に応じて検討します。

被害者への報告、再発防止策の策定

　調査委員は、調査結果、ハラスメント該当の有無、対処内容及び再発防止策として何を予定しているかを被害者側に報告します。

　事業主は、各事案についてハラスメント該当性が認められなかった場合でも、必ず再発防止策を策定します。

内部通報窓口を顧問弁護士が兼任すること

　この点に関し、「公益通報者保護法を踏まえた内部通報制度の整備・

運用に関する民間事業者向けガイドライン」は、「通報の受付や事実関係の調査等通報対応に係る業務を外部委託する場合には、中立性・公正性に疑義が生じるおそれ又は利益相反が生じるおそれがある法律事務所や民間の専門機関等の起用は避けることが必要である」としています。この記述の読み方については、いくつか考え方があるようですが、少なくとも、利用者から、中立性・公正性に疑義が生じるおそれ又は利益相反が生じるおそれがあると見られるような形態が相応しくないことは、間違いないようです。常識的に考えても、利用者から見て、会社寄りの立場の者が内部通報窓口を務めていたり、仮にそうでないとしても秘密が守られないとしたら、ハラスメントを受けたとしても、内部通報窓口に相談しようという気持ちにはなりづらいものと思われます。

　なお、私の感覚では、内部通報窓口を務める弁護士が、顧問弁護士とは別に設けられているケース、顧問弁護士が内部通報窓口を兼任するケースの両方があるように見受けられますが、特に後者の場合には、顧問弁護士とはいえども会社から独立した中立の立場であること、弁護士法上の守秘義務に基づき通報者の秘密が保護されることを強調しているように思われます。

第三者委員会の弁護士が使用者代理人となること

　ハラスメントの事象が起きたとして第三者委員会（会社から独立した第三者という立ち位置であることを前提とします）が設けられ、弁護士がその一員に加わり一定の結論を出した後、被害者から訴訟提起を受けた場合に、その弁護士が使用者の代理人となることは可能でしょうか。

　この点について、弁護士職務基本規程には必ずしも明記されていないようですが、被害者の立場から見れば、使用者代理人として出てきた弁護士が、以前の第三者調査委員会のメンバーであるとすれば、第三者委員会による調査が真に中立なものであったのか、疑問を抱かざるを得ないと思われます。したがって、第三者委員会の弁護士が使用者代理人と

なることは、避けるべきと考えられます。

　なお、私の経験では、ハラスメント事案ではないものの、依頼者（個人）が第三者委員会における調査対象となった後、訴訟提起を受けたという事案において、法人の訴訟代理人には、第三者委員会のメンバーとは異なる弁護士が出てきました。

　以下の体験談は、必ずしも利益相反の問題に限るものではありませんが、実際に窓口業務を担当する際に意識すべきポイントを広く紹介したものですので、参考にしていただければと思います。

体験談 1

外部相談窓口の担当者の心構え

弁護士 8 年目　男性

外部相談窓口の設置

　ハラスメント問題を会社からなくすために、会社としては、社内でどのようなハラスメント問題が生じているのかを知る必要があります。その端緒の 1 つとして、相談窓口の設置が挙げられます。

　相談窓口は社内に設置することが多いと思いますが、人的・物的設備の関係から内部窓口を設置することが困難な場合や、相談窓口を社外の人間に対応させることでより相談しやすい環境を整える場合には、社外に相談窓口を設置することがあります。この外部相談窓口の担当を弁護士が行うことがあります。

注意点１〜聞き手に徹する〜

　私は、ある会社のハラスメント問題の外部相談窓口業務を担当しています。私のもとには、日々、電話やメールでの相談が寄せられています。そこに寄せられる相談内容は、特定の上司からパワハラを受けているという緊急性の高いものから、風通しのよい職場にしてほしいという抽象度の高いものまでさまざまです。

　相談窓口を担当する中で、外部相談窓口の連絡先が法律事務所宛になっているからかもしれませんが、「会社や上司に損害賠償請求をしたらどれくらいお金がとれますか？」や、「ちょっと弁護士の意見を聞きたいです」などの法律相談を寄せられることがよくあります。それだけ弁護士へのアクセスがまだまだ行き届いていないのだと感じますが、外部相談窓口業務はあくまで会社の相談窓口の一態様ですので、会社のハラスメントに関する法律相談にのるわけにはいきません。

　私は、相談の連絡があったときに、かならず冒頭で、相談窓口ではあくまで事実関係の聴取のみを行い、法律相談は受けられないことを説明し、理解してもらうようにしています。

注意点２〜匿名相談の場合〜

　次に、悩ましい問題として匿名相談があります。

　匿名相談は、私が経験している限り、かなり多いという印象ですが、もしかしたら、外部相談窓口であるがゆえの現象かもしれません。

　匿名相談の場合、相談の内容によっては、匿名相談の限界を伝えることがあります。なぜなら、相談者が伏せたい情報が自分の名前だけでなく、部署・支店名、場合によっては加害者名が含まれている場合があるからです。複数の部署や支店がある会社であれば、事実関係の調査のきっかけすらつかめない場合もあります。

　その場合、相談者が窓口で相談をしてからハラスメントの解消に至る

までの流れをあまり理解していない可能性を考慮し、相談者に、今後、相談内容を会社がどのように対応していくのかという流れを丁寧に説明するようにしています。相談内容によっては、事実関係の調査ができず、会社の対応も限定的にならざるを得ないケースがあることを説明して、相談者と意思を共通のものにする必要があると考えています。

　また、相談者が受けているとされるハラスメント問題の解決の実効性の観点から、実名や部署名を明らかにする形での相談に切り替えることを提案することもあります。このときに、匿名相談でお願いしていたのに名前を開示させられたと言われることは絶対に避けなければなりません。積極的に氏名の公表を働きかけるのではなく、あくまで相談者に情報を伝えて、相談者に実名での相談に切り替えるかについて検討してもらうことを心がけています。

注意点3～信頼関係の早期構築を～

　メールでの相談の場合によく感じることですが、相談内容のニュアンスを読み取ることが難しい場合や、こちらからの説明を本当に理解してもらえているかがわかりにくい場合があります。また、相談者は、会社の上司や会社の対応に不満をもっているため、その延長として、窓口担当である私にも最初から悪感情を抱いているように感じるケースもあります。なかには、社外の担当である私にすら名前を明かさない相談者もいます。

　このように信頼関係が全くない状態であっても、相談者から相談内容を正確に聴取し、会社担当者が疑問に思うであろう点をあらかじめ確認することになりますので、相談を受けるたびに外部相談窓口業務固有の難しさを感じます。

　私はそういった場合、月並みですが、電話であれメールであれ、丁寧に相談者と接することをを心がけています。相談窓口業務は、相談者との信頼関係が大前提となりますので、信頼関係が早期に得られるよう、

努力が不可欠だと考えています。

外部通報窓口として
調査も担当したケース

弁護士 12 年目　女性

法律事務所に匿名の手紙が送られてくる

　私が外部通報窓口を務める会社（顧問弁護士は別の方が就いています）に関し、私のもとに、匿名・発信元住所不明で、通報の手紙が来ました。その手紙には、大要、「貴社の某支社に所属する私の友人 A が、上司 B 取締役からのパワハラによりうつ病を罹患し入院中。B 取締役の、A 氏に対する謝罪と取締役解任を要求する。誠意ある対応がない場合、B のパワハラについて、広く世に問うことになる」と書かれておりました。

対応方針の検討

　上述のとおり、通報の手紙は、匿名・発信元不明であったため、怪文書として無視するという選択肢もあったのですが、私としては、この会社に隠れた問題がないか調査し、問題がある場合には会社の自浄を促すのが自分の役割であると考え、一通りの調査を行うことを提案いたしました。
　具体的には、まず、A 氏と日常的に関わりのあった従業員 3 名を抽

120

出し、その３名のヒアリングを行ったうえで、Ｂ取締役のヒアリングを行うこととしました。Ａ氏本人に関しては、匿名の手紙に入院中と書かれていたことから、心身の状態に配慮し、必要に応じてヒアリングを行うこととしました。

　従業員のヒアリングにあたっては、パワハラの告発事案であることを勘案し、会社任せにするのではなく、私が担当することとしました。具体的には、従業員にオフィス近くの喫茶店に来てもらい、従業員が会社に忖度しないで済むよう、総務担当者には離席してもらうようにしました。

ヒアリングの結果

　従業員３名からのヒアリングの結果、Ｂ取締役がＡ氏を強く叱責した等のパワハラに当たる言動は、特段、見当たりませんでした。むしろ、Ａ氏が少し前に、本社の別の部署に配置転換となっており（上司はＢ取締役とは別の方です）、新しい部署の仕事に慣れるのに苦労していた（Ａ氏がうつ病を罹患したのは、その後のことです）という事情が、背景にあることがわかりました。

　私は、会社に対し、パワハラを理由とするＡ氏への謝罪や、Ｂ取締役の処分は不要と考えられるものの、広い意味での再発防止措置として、勤務地・業務内容が大きく変更となる者に対するフォローアップ体制の構築等を提案しました。

顛末

　上述の調査を経て、会社は、Ｂ取締役に対する処分をすることなく、本案件をいったん終了する扱いとしました。私としては、念には念を入れて、Ａ氏からのヒアリングもしたいところでしたが、入院が続いて

いたこと、その後に新型コロナウィルスの感染拡大が起きたことから、適時のタイミングでのヒアリングを断念した次第です。

　なお、この体験談を執筆している時点で、上述の調査を行ってから1年以上経過していますが、A氏又は関係者が、この会社に対して法的措置をとったとの話は聞いておりません。

ワンポイントアドバイス

先輩弁護士に相談しよう

　この本の読者の多くは、登録から間もない若手弁護士の方々であり、そもそも顧問弁護士を依頼されることもまだ多くないとは思いますが、一方で、体制の整っていない中小企業の社長から、顧問の依頼を受け、それと同時に内部通報窓口をお願いされることも、皆無ではないと思われます。

　そのような場合、立ち返るべき視点は「中立性・公平性」となりますが、この概念は、考えれば考えるほどわからなくなることもあります。そのような場合、月並みではありますが、豊富な経験を有する先輩弁護士に相談し、そもそも内部通報窓口となることを断るべきか、あるいは、兼務を受ける場合にはどのような点に注意すべきか、アドバイスをもらうようにするとよいでしょう。本書の体験談も、その一助となれば幸いです。

□ 相談窓口設置の留意点

■大切なのは中立であること

　相談窓口に相談に来る従業員は、会社や特定の上司に不満を
もっているケースが多いと思います。したがって、通報窓口業務
を行うにあたり最も意識すべき点は、中立性と言えます。中立性
が確保されていなければ、相談者との信頼関係が築けないのはも
ちろんのこと、そもそも誰も相談に訪れず相談窓口としての機能
を果たさないからです。

　相談窓口はあくまでも窓口ですので、相談者から相談内容を聴
取することが役割となります。

　したがって、窓口の担当者としては、相談者の相談内容を「聴
くこと」が求められます。聴取の際に、相談者の立場に立ちすぎ
て、「それは完全にパワハラにあたりますね！」とか「それは○
○さん（上司）に非がありますね！」などと言ってしまうと、相
談者に過度の期待を与えることにもなりますし、調査の結果、ハ
ラスメントが認定されない場合にトラブルになる可能性も否定で
きません。逆に、「それは相談者にも落ち度がありますよ」など
相談者を非難する発言をしてしまうと、傷ついている相談者をさ
らに傷つけてしまうことにもなりかねません。相談窓口の担当者
は、あくまで中立であるべきですので、個人的な見解を述べるこ
とは避け、相談者の言い分を聴くことに徹することが大切です。

■早期の対応を

　また、相談者から最初の連絡があった際、担当者としては、迅速に対応することが求められます。

　パワハラやセクハラ等の場面においては、加害者と被害者が同じ職場で働いていることが多く、日々、被害が発生し続けている可能性があります。また、相談者は、自分の受けた行為がハラスメントにあたるのかどうなのか、我慢すべきことなのか、それとも第三者に相談をしてもよいのかを悩んでいるケースがあります。悩み続けた末に、耐えかねて相談に来るケースもあります。

　このように、被害を拡大させないために、相談担当者としては、可能な限り早期に相談を受けることが求められます。

■担当者の人選も大切

　相談窓口の担当者の人選も大切です。

　相談者の知り合いを担当者にすることは避けるべきであることは当然ですが、担当者の構成においても中立的であることが望ましいと言えます。

　例えば、セクハラ問題や相談者が女性の場合に、担当者が全員男性だと相談しづらいという声もあると思いますので、女性の担当者を入れることも検討すべきでしょう。

　また、あまり大人数で対応すると威圧的と言われかねないので、２名程度で対応し、聞き手と記録係に役割を分けるなどして臨むのがよいように思います。性別や立場などさまざまな属性の人が担当するなどして、相談しやすい雰囲気をつくることをおすすめします。担当者の構成にも配慮できれば、より中立性を実現すると考えます。会社によっては、相談窓口の担当者に多くの人員を割くことができない場合もあると思いますが、視点としてもっておくことは有用です。

■相談内容は広く対応する

　相談窓口を担当していると、ハラスメント問題とは言えないのではないか？　と感じる場面に遭遇することもあると思います。

　その場で明らかにハラスメントの問題ではないと判断できたとしても、まずは相談内容を聞き、相談者の抱えている問題点を把握すべきです。会社としては、ハラスメントであるか否かを問わず、社内の問題点を把握すること自体有益なことですし、仮にハラスメントに該当しなかったとしても、職場環境配慮義務の観点から是正すべき問題が発覚することもあり得るため、ハラスメントの問題とは関係していないと判断されるものであっても、相談は受けるべきであると考えます。

■相談者への説明事情

　相談者から相談内容を聴取する際は、事前に、担当者から、相談内容が外部に漏れることはないこと、相談したことで社内で不利益な取扱いは行われないことを説明します。

　その他、相談者としては、今後、相談内容がどのように処理されるかが一番の関心事ですので、相談窓口での聴取後、加害者とされる従業員や目撃者等からのヒアリングを経て、会社が事実認定、ハラスメントの該当性、懲戒処分の有無等を検討を行うという流れを伝えます。

　また、相談者には、今後、加害者とされる従業員に事情を聴取してもよいかについても確認すべきです。相談者としては、まずは相談窓口で話を聞いてもらうだけでよいと考えている場合や、加害者とする従業員に事情聴取が行われることで自分が会社に被害を訴えていることを知られたくないという場合もありますので、今後の手続を進めるか否かについての意見を相談者から聞く必要があります。

125

■その後の手続

　相談窓口での対応が完了した後には、相談者、第三者、加害者とされる従業員に事情聴取を行います。この段階では、会社から積極的に聞きたい点を聴取することになるため、聞き漏らしがないようにあらかじめ聴取事項をヒアリングシート等にまとめておきます。

　相談者については、相談窓口での聴取と事情聴取の2段階に分けて聴取することもありますが、相談窓口の段階で事情聴取を行うケースもあると思います。

　また、特に加害者とされる従業員から、長時間会社から問い詰められたというクレームが生じないよう、聴取時間は40分から50分程度にとどめておくべきと考えます。

　そのほか、秘密保持についてや不利益取扱いを行わない旨を説明する点については、相談窓口の場合と同じです。

　事情聴取の場面においても、聴取担当者は、あくまで双方の言い分を中立的な立場で聞くべきであり、一方の当事者を責めたりすることのないように気を付ける必要があります。

　以上が、相談窓口を設置するにあたって、担当者が留意すべき点の概要となります。会社の規模によって、相談窓口で対応できることも変わってくるかと思いますし、場合によっては弁護士等に依頼して外部相談窓口を担当してもらうケースもあります。いずれの場合でも、社内のハラスメント問題をなくすために重要なのは相談窓口を機能させることであり、そのために相談窓口の中立性の確保が大切だと考えます。

Method 13 証拠収集段階〜使用者側〜

▶ 事案を全体から俯瞰すべし

——セクハラやパワハラにあたる事実の申告があった場合や、そのような事実があったとして裁判等を起こされた場合、使用者側としても事実確認をすることになるが、証拠の収集も含め、どのような対応が望ましいか。

ヒアリングの順序

　セクハラやパワハラにあたる事実の申告があった場合、使用者側としては、そのような事実があると認定できる前であっても、被害申告をした者と加害者とされている者を、隔離するかどうか検討することになります。これは、被害申告があった以上、これ以上被害を拡大させないための配慮や、隔離をしないまま加害者とされている者のヒアリングを進めることにより、被害者や第三者への働きかけによる証拠隠滅を防ぐといった目的によるものです。

　ただし、隔離のタイミングや方法によっては、職場の者に何かあったのではないかと推知されることにより職場に居づらくなったり、また、被害者にとって不利益な内容を含む場合には不利益取扱い禁止のルール（労働施策総合推進法30条の2第2項）に抵触したりするおそれがあるため、被害者の意向をきめ細かく聴取し記録化しながら、慎重に進める

127

必要があります。

ヒアリングの順序や方法

　ヒアリングを行う順序は、①被害者→②目撃者等の第三者→③加害者とされる者が基本です。これは、加害者とされる者のヒアリングを行う際、不合理な言い逃れをさせづらくしたり、被害者や第三者への働きかけによる証拠隠滅を防いだりすることが目的です。

　また、特に第三者や加害者とされる者からのヒアリングを行う際は、被害者のプライバシーを確保するため、話した内容等を第三者に口外しないとの誓約書を求めることが考えられます。セクハラの事案では、被害者の精神状態を考慮して、同性の者がヒアリングを行うよう配慮することも考えられます。

どのような証拠があるか

　使用者側において把握可能な証拠としては、まず、加害者とされている者が被害申告をした者とやり取りした電子メール・LINE が考えられます。被害者側から、自己に不利益と思われる部分を削って証拠が出される場合もありますので、ここでは、加害者とされている者からも広く収集を行うことがポイントとなります。

　特に、セクハラの申告があった事案では、従来は互いに好意を抱いていたにもかかわらず、痴情のもつれから被害申告に至るような事案もありますので、被害申告をした者が、加害者とされている者に対し好意を抱いていたことをうかがわせるようなメッセージは、有意な反証材料となる場合があります。

　性行為の強要など、密室で行われるセクハラには立証の問題が付きまといます。類型的に、恥ずかしいといった思いから被害申告が遅れ、証

拠が残っていないことも非常に多い印象です。

　継続的な関係性がある場合、メールのやり取りだけをみると、被害を受けたと申告する側が、迎合的な返信をしていることもあります。その後の報復や職務への影響を懸念し、迎合的な態度をとっていることも多いと注意喚起がなされていますので、相手方から、メールの文章だけでなく、どこか不自然に返信が滞っている、連絡が途絶えている部分はないか等にもスポットを当てた反論が予測されます。こうした反論にあらかじめ対応できるよう、事件前後の当事者の様子や行動について、周囲から証言を集め、間接証拠を積み上げる努力を怠らないようにしましょう。

　パワハラの申告があった事案では、加害者とされている者の言動が業務指導の範囲にとどまることを示すため、業務指導の必要性を示す材料（例えば、被害者とされる者が犯した業務上のミスや、業務成績が振るわないことを示す資料）や、実際の業務指導を行った際の言動を示す資料（例えば、電子メール、指導を行ったことを上長に報告した際の文書）等の収集に努めることとなります。

　次に、使用者側自身が職場環境調整義務を履行していたことを示すものとして、内部通報窓口の設置を示す要綱や、当該被害者から申告があった後直ちに加害者とされている者との隔離を行ったことがわかるような異動履歴等の証拠が考えられます。

　こうした証拠の収集により、裁判所に、事案の全体を俯瞰してもらえるよう工夫することが、使用者側の反証活動のポイントではないかと考えられます。

　なお、以下で紹介する体験談は、弁護士が相談窓口として対応にあたった場合を含みますが、まずは客観的な立場で事実関係を把握する必要があるという点は、使用者側の代理人として対応する場合にも通ずる点があるのではないかと思われますので、参考にしていただければと思います。

使用者側であらゆる手を尽くした裁判

弁護士 14 年目　男性

労働者が、パワハラを理由に休職し、休職期間満了後の退職扱いが無効であるとして賃金等を請求した事例

　依頼者は、ある製品の複数のブランドを扱う販売会社、相手方はその営業職です。依頼者が、他部署の人員補充、相手方の育成の観点から、相手方を別のブランドの営業職への配転を命じたところ、相手方が、依頼者による配転命令は配転命令権を濫用したもので無効であるとともに、この配転命令や上司の言動がパワハラに当たり、これによって精神疾患を負ったとして休職し、弁護士を立ててきましたので、その対応について委任を受けました。

　相手方の弁護士とは、初期段階では、依頼者が相手方に対して解決金名目で少額の金員を支払うことによる合意退職という枠組みで交渉をしていたのですが、条件で折合いがつかないまま、相手方の休職期間が満了を迎えたので、会社は就業規則に基づき、相手方を退職扱いとしました。

　そうしたところ、相手方は、退職扱いは解雇権濫用法理の類推により無効であるとして、地位確認、賃金請求等の訴訟を提起してきました。その後、依頼者も、相手方に対し、相手方が業務上起こした事故に関する損害賠償等を求める反訴を提起しました。

会社はどのような証拠を提出したか

この訴訟の争点は多岐にわたるのですが、主に、①会社による配転命令は権利濫用で無効か、②相手方の精神疾患に、業務起因性（パワハラの有無や、それとの因果関係）が認められるかの2点が争点となりました。

①の立証にあたり、依頼者は、相手方の業務成績が振るわなかったこと、別のブランドにおいて欠員が生じたことを示す資料や、別のブランドの営業職補充の必要が生じたことを示す代表者の陳述書を提出しました。

②の立証にあたり、依頼者は、パワハラの加害者とされている者や、同じ営業所に所属する従業員の陳述書を提出しました。また、相手方が就労不能なほどの精神疾患を負ったのか疑わしいことを示す証拠として、パワハラを受けたとされる時期に、相手方がオフィス内で女性従業員に下半身を密着させるセクハラまがいの行動をしていたことを示す防犯カメラの映像や、退職後間もなく別の場所で就労していることを示す証拠も提出しました。

労働基準監督署からの調査

相手方は、依頼者からパワハラを受けて精神疾患を負ったとして労災申請も行っていたため、訴訟係属中、依頼者は労働基準監督署からの調査を受けました。

私は、依頼者に対し、労働基準監督署の指示どおりに資料を提出するとともに、従業員には事実をありのまま話すように助言しました。

結果として、労働基準監督署は、相手方の労災申請を却下したため、その後、私は文書送付嘱託を申し立て、労働基準監督署が労災申請を却下する判断過程を示す文書や資料を入手し、裁判所に乙号証として提出しました。

裁判所からの和解勧告

　裁判所からは、尋問の前後にわたり和解を勧められました。具体的には、上述②の業務起因性の判断がどうなるかわからない（仮に一審で会社の主張を認めても、高等裁判所で覆る可能性もある）ため、リスクを回避する観点から、訴訟係属期間の4分の1程度（6か月分）の給与を支払う和解をしてはどうかとの提案を受けました。

　依頼者は、当初、「裁判所は不正な請求を許す機関なのか」と憤っていたのですが、私が議論を整理して説明すると、裁判所の見解に一定の理解を示してくれるようになりました。しかし、依頼者は、解決金名目であったとしても、結果的に不正な請求を受け入れることは、他の従業員に示しがつかないとして、敗訴リスクを負いつつ、和解を拒絶することを選択しました。

判決とその後の顛末

　第一審判決は、相手方による本訴請求を全部棄却したうえで、依頼者による反訴請求を一部認容しました。裁判所の判断のポイントは多岐にわたるのですが、あえて1つに絞ると、精神疾患の業務起因性の点において、労災申請の却下決定を参考にしつつも、個々の事実関係について証拠に基づき丁寧に認定したうえで、各事象の心理的な負荷の軽重を客観的に評価していることが挙げられます。

　その後、相手方は控訴したのですが、高等裁判所において、互いの金銭支払いをゼロとする旨の和解をしました。

　こうしてまとめてみると、相手方による「お手つき」（無理筋な労災申請）に助けられたと言えなくもありませんが、地方裁判所の判決が、単に労災申請の却下決定をなぞったものではなく、個々の事実について証拠に基づき丁寧に認定していたことからすると、使用者側の代理人として、事案の全体像や、個々の事実関係について、裁判所にわかりやす

く示すことができたことも、無関係ではないように思われました。

```
┌─────────┐
│ 体験談 2 │
└─────────┘
```

ハートマーク付きのメールが
勝負の決め手に

弁護士 13 年目　男性

事案の概要

　依頼者は不動産業を営む中小企業（代表者はその会社の創業者）、相手方は元従業員の女性で、相手方からの、セクハラを理由とする損害賠償請求と、普通解雇の無効を理由とする地位確認及び賃金支払請求の訴訟について、会社の代理人として対応にあたりました。

　相手方が訴えるセクハラの内容は、業務時間終了後に代表者から食事に誘われ、そのままタクシーに乗せられてホテルに連れて行かれ、性行為をさせられたことが複数回あったというものでした。

　私が会社代表者からヒアリングしたところ、確かに相手方と性行為に及んだことは複数回あるものの、いずれも相手方の同意があったとのことでした。しかし、同意があったことを直接的に裏付ける証拠がなかったため、立証に苦労するであろうことが、容易に予測されました。

不自然な黒塗りから
ハートマーク付きメッセージが発覚

　訴訟では、会社代表者と相手方が性行為に及ぶまでの経過が事実上の

争点となったものの、食事の席や、タクシーの車内での「言った、言わない」の争いとなり、双方ともに証拠上の決め手を欠くまま、訴訟が進行しました。

　そのような中、相手方が、間接的な証拠として、会社代表者と相手方がやり取りしていたメールの写しを提出したのですが、一部が不自然に黒塗りされていました。そこで、私が会社代表者から、黒塗り部分に関するメールを提出してもらうと、相手方が会社代表者に対し、ハートマーク付きでメッセージを送っていることがわかりました。また、前後の文章からも、相手方が、会社代表者に対し、好意を抱いていることが十分に裏付けられるように見受けられました。

　そこで、私は、相手方が、会社代表者に対し好意を抱いており、その延長線上で、双方の合意のもと性行為が行われたと主張しました。相手方の代理人は、この女性が、特に好意を抱いていない男性に対してもハートマーク付きのメッセージを送っているとして、合意の成立を争いました。

セクハラの主張は排斥、しかし……

　その後、当事者双方の尋問を経て、裁判所が一定の心証開示をしたうえでの和解協議が行われました。

　裁判所は、セクハラの主張は、相手方の合意があると認められるため合理的な理由はないと考えているものの、普通解雇は客観的に合理的な理由を欠くとの心証を開示し、かかる心証を前提とした和解を強く勧めてきました。

　事案を全体から俯瞰すれば、会社代表者が相手方を痴情のもつれから解雇したものと評価し得るため、裁判所の心証開示は、代理人からみても納得し得るものでした。そして、本件は、普通解雇事由が不十分であることを、カバーすることが難しい事案でした。そこで、私からも、会社に対し、和解に応じるよう説得することとしました。

最終的に、会社は、裁判所の提案を受け入れ、相手方に対し、解決金名目でまとまった金額を支払いました。

ワンポイントアドバイス

証拠の質と量で被害者側を圧倒しよう

　セクハラやパワハラの申告があり、弁護士が調査にあたった結果、真にそうした事実があると評価できる場合には、使用者側も早期和解に努めるべきであることは説明するまでもないかと思います。

　一方、近時の権利意識の高まりにより、第三者から見てセクハラやパワハラに当たる事実があるとは言えないような事案も、相当数あるように思われます。そのような場合、使用者代理人としては、徹底的に、前提事実や法的評価を争うことになります。使用者側が個人事業主やこれに準ずる中小企業の場合は格別、そうでない場合には、被害申告をした者と比べて、質量ともに充実した証拠を持ち合わせていることが通常です。したがって、使用者側の代理人としては、裁判所に事案の全体像を適切に理解してもらえるように、質量ともに被害者側を圧倒するような反証活動を心がけることがポイントではないかと思われます。

　「証拠の質と量」が充実している方が、裁判所や、その先にいる被害者側代理人の事案理解が促進され、これにより、被害者本人の説得が期待できますので、常に、読み手を意識した反証活動を心がける必要があるでしょう。

Method 14 法的検討①〜セクハラとして 主張される事象に対する法的評価〜

▶ こんな場面もセクハラに！

——セクハラは、女性も男性も「被害者」にも「加害者」にもなり得る。同性同士であっても、セクハラは成立する。他の事業主が雇用する労働者や、就職活動中の学生との関係でも問題になり得る。「セクハラ」と評価されるのはどのような場合か、留意しなければならない。

セクハラにおける性別

　ひと昔前まで、セクハラの被害者といえば女性、加害者といえば男性というのが一般的な感覚でした。しかし、現代においては、セクハラは性別を問わず成立する、つまり、女性も男性も、「被害者」にも「加害者」にもなり得るという認識が浸透しつつあります（令和2年度厚生労働省委託事業「職場のハラスメントに関する実態調査報告書」（https://www.mhlw.go.jp/content/11200000/000775817.pdf）によると、セクハラを経験した割合は、男性よりも女性の方が高くなっています。

　しかし、セクハラの内容に着目して見てみると、「性的な冗談やからかい」、「不必要な身体への接触」、「食事やデートへの執拗な誘い」等のセクハラを受けた割合は女性の方が男性よりも高い一方で、「性的な言動に対して拒否・抵抗したことによる不利益な取扱い」、「性的な内容の情報の流布」等のセクハラを受けた割合は、男性の方が女性よりも高い

136

という結果が報告されています）。また、いわゆる「セクハラ防止指針」
（「事業主が職場における性的な言動に起因する問題に関して雇用管理上
講ずべき措置等についての指針」（平成 18 年厚生労働省告示第 615 号。
令和 2 年 6 月 1 日施行））によると、セクハラには同性に対するものも
含まれるとされています。

　さらに、被害者の性的指向又は性自認にかかわらず、セクハラ防止指
針の対象となるとされています（厚生労働省都道府県労働局雇用環境・
均等部（室）発行パンフレット「職場におけるパワーハラスメント対策
が事業主の義務になりました！　〜〜セクシュアルハラスメント対策や
妊娠・出産・育児休業等に関するハラスメント対策とともに対応をお願
いします〜〜」では、「性的指向」とは、恋愛感情又は性的感情の対象
となる性別についての指向のことをいい、「性自認」とは、自己の性別
についての認識のことをいうと解説されています）。

セクハラが成立し得る「職場」とは

　男女雇用機会均等法 11 条は、事業主は、職場において行われる性的
な言動によって労働者が不利益を受け、その就業環境が害されることの
ないよう措置を講じなければならないと規定しています。また、労働施
策総合推進法 30 条の 2 は、事業主は、職場において行われる優越的な
関係を背景とした言動であって、業務上必要かつ相当な範囲を超えたも
のにより、その雇用する労働者の就業環境が害されることのないよう必
要な措置を講じなければならないと規定しています。

　一方で、令和 2 年厚生労働省告示第 6 号（事業主が職場における性的
な言動に起因する問題に関して雇用管理上講ずべき措置等についての指
針等の一部を改正する告示）では、労働者が通常就業している場所のみ
ならず、取引先の事務所、取引先と打合せをするための飲食店、顧客の
自宅等であっても、労働者が業務を遂行する場所であれば、「職場」に
該当するとしています。

また上述の、厚生労働省都道府県労働局雇用環境・均等部（室）発行パンフレットでは、勤務時間外の「懇親の場」、社員寮や通勤中などであっても、実質上職務の延長と考えられるものは「職場」に該当すると解説されており、その判断にあたっては、職務との関連性、参加者、参加や対応が強制的か任意かといったことを考慮して個別に行う必要があるとしています。

セクハラの「加害者」と「被害者」

　令和2年厚生労働省告示第6号において、性的な言動を行う者、つまり、セクハラの「加害者」について、労働者を雇用する事業主（法人である場合にはその役員）、上司、同僚に限らず、取引先等の他の事業主又はその雇用する労働者、顧客、患者又はその家族、学校における生徒等も該当するとしています。

　また、同告示は、他の事業主が雇用する労働者及び求職者のみならず、個人事業主、インターンシップを行っている者等の労働者以外の者に対する言動にも必要な注意を払うよう配慮することを求めており、これらの者が「被害者」となり得ることを前提としています。

　このように、「職場」の解釈のほか、セクハラの「加害者」、「被害者」の概念、つまり、セクハラが成立し得る範囲は従前に比べて広がっているということに留意が必要です。

就活ハラスメント

弁護士 6 年目　男性

微妙な関係性

　ある日、多数人の前で能力不足を繰り返し指摘され雑務を担当させられたほか、性的な発言やメールを送られる、望まない性行為を強いられる等のハラスメント被害に遭ったという女性から相談を受けました。加害者は男性 1 名でした。

　加害者の行為がハラスメントに該当することは明らかでしたが、当事者の関係性に照らし、被害回復のための手段の検討が非常に難しい案件でした。

　当時、相談者は就職活動中の学生で、志望業界の人脈を開拓すべく加害者に接触し、インターンのような形で技術指導を受けようとした際に被害に遭いました。加害者は、相談者が応募した会社に直接所属しているわけではなく、相談者が就職を希望していた業界に属してはいたものの、フリー（自営）で活動している人物でした。とはいえ、非常に専門性が高く狭い業界であることから、その後就職した相談者の内定先にも、加害者の知人が複数いるという状況で、加害者とのやり取りに連動して相談者の職場環境にも影響が出ていました。

被害救済の手段が限定的であるもどかしさ

　ハラスメント被害の救済手段としては、大きく分けて①労働関係法に則って職場に対し必要措置を求め、関係法違反があった場合には労働局

139

に指導、助言、勧告、調停を求めること、②加害者及び企業に対する不法行為責任（民法 709 条、715 条）の追及並びに使用者に対する債務不履行責任（同法 415 条、労働契約法 5 条）の追及の 2 つが挙げられます。

　本件のような事案の場合、加害者本人は相談者の職場に所属しているわけではなく、そもそも企業に所属しているわけでもないため、①で求めることのできる事項は非常に限定的です。

　そこで②のうち、加害者本人に対する不法行為に基づく損害賠償請求を行うことにしました。

労働関係法と不法行為

　訴訟を提起し、各行為がセクハラ又はパワハラに該当すると主張したのですが、訴訟提起後に裁判官から、「『職場』ではないのではないか。雇用関係がないことについてどのように考えるか説明するように」という指摘を受けました。

　不法行為に基づく請求であっため、権利侵害（人格権、性的自己決定権の侵害）があればよく、労働関係法で規定されている定義に厳密に該当する必要はないはずで、私としては「端的に不法行為なのに……」という気持ちを拭い去れませんでした。

　もっとも、不法行為に基づく請求でも、労働関係法（男女雇用機会均等法 11 条、労働施策総合推進法）における定義を引用し間接的な根拠条文とする裁判例も多く、このケースでは、加害者の多数の言動を取り上げていたため、裁判官としては、違法性がやや弱いものについて、労働関係法に照らした言及の可能性も探っていたのかもしれません。

　私は念のため、令和 2 年厚生労働省告示第 5 号（事業主が職場における優越的な関係を背景とした言動に起因する問題に関して雇用管理上講ずべき措置等についての指針）が、労働施策総合推進法 30 条の 2 第 3 項の規定に基づき、事業主が雇用する労働者以外の者（他の事業主が雇用する労働者、就職活動中の学生等の求職者及び労働者以外の者）に対

する言動について対象とする旨推進していることを挙げ、本件のように雇用関係にない場合にも趣旨が妥当すると主張しました。

「ハラスメント」という言葉

　企業に対し使用者責任や職場の安全配慮義務違反を問う場合、労働関係法上の措置義務違反が民事上の義務違反としても受け入れられているようです。

　しかし本件のように企業への責任追及ではなく、加害者個人への損害賠償請求を行う場合、「ハラスメント」、「セクハラ」、「パワハラ」という言葉を使用するとどうしても労働関係法令の定義や要件に引っ張られてしまうため、ケースによってはこれらの言葉を使用しない方がよいのではないかと感じました。各行為について、事実関係と違法性をしっかりと主張していくことが大切だと思います。

　なお、違法性について裁判例では、「職場において、男性の上司が部下の女性に対し、その地位を利用して、女性の意に反する性的言動に出た場合、これがすべて違法と評価されるものではなく、その行為の態様、行為者である男性の職務上の地位、年齢、被害女性の年齢、婚姻歴の有無、両者のそれまでの関係、当該言動の行われた場所、その言動の反復・継続性、被害女性の対応等を総合的にみて、それが社会的見地から不相当とされる程度のものである場合には、性的自由ないし性的自己決定権等の人格権を侵害するものとして、違法となるというべきである」と示したものがあります（金沢セクシュアル・ハラスメント（土木建築会社）事件・名古屋高金沢支判平成 8 年 10 月 30 日判タ 950 号 193 頁〔28020343〕）。

これってセクハラですか？

弁護士8年目　女性

相談のハードルはますます高い

　能力不足を理由に解雇された男性が、地位確認を求めて相談に来ました。解雇に至る経緯について話を伺うと、事の発端は、同じ部署の女性上司から好意を寄せられた相談者が、これを拒絶したことなのではないかというのです。私が女性であるからか、話しにくそうにしている相談者からよくよく話を聞くと、女性上司と取引先を回った帰り道、すでに終業時間を過ぎていたので食事でもしていかないかと誘われ一緒に飲食店に入ったところ、お酒が進んだ女性上司は、自身の交際相手のことや交際相手との性交渉等について話し始め、相談者に対しても交際相手はいるのか、その交際相手との関係はどうなっているかなどしつこく質問してきたというものでした。相談者はその内容に辟易したものの、上司であることから無碍にもできず、その場を何とかやり過ごしたのですが、これがきっかけとなって、後日、女性上司からやたらと相談者に連絡が入り食事に誘われるようになり、挙句には性的関係を迫られるようになったということでした。これらの一連の行為に耐えられなくなった相談者は、女性上司に拒絶の態度を示したのですが、今度は掌を返したように女性上司からパワハラに該当する攻撃的な行為を繰り返された挙句、能力不足を理由として解雇されたのでした。

　セクハラ事案の場合、これまでは女性が被害者となることが多かったことから、男性自身が自分はセクハラの被害者であるという認識をもちにくいという傾向があるように思います。また、被害事実の詳細を弁護士に話すだけでも心理的負荷が大きいことですから、相談すること自体

を躊躇する方もいます。このような観点からすると、男性がセクハラ被害を申告するということは、実はとてもハードルが高い行為なのだということを実感した事案でした。

「職場」っていえるの？

　本件の発端は、就業時間外に飲食店において女性上司が部下に対して性的な内容の発言をしたことでしたが、例えばこの行為だけを取り出して考えた場合に、「職場」におけるセクハラに該当するのか、悩ましいところです。

　過去の裁判例も参考にしながら、「職場」に該当するか否か、慎重に判断することが肝要だと感じました。

　　ワンポイントアドバイス

セクハラ被害の訴えは、容易なことではない

　上述の「職場のハラスメントに関する実態調査報告書」によると、セクハラを受けた後にどのような行動をしたかという質問に対して、「特に何もしなかった」と回答した人の割合は全体の39.8%を占めています。さらに、セクハラを受けた経験頻度別に割合を見てみると、一度だけ経験した人の30.7%が、時々経験した人の44.2%が、何度も繰り返し経験した人の54.7%が「特に何もしなかった」と回答しています。つまり、経験頻度が高いほど、「特に何もしない」人の割合が高いことがわかります。

　一方、「会社とは無関係の弁護士や社会保険労務士に相談した」と回答した人の割合は全体の2.2%で、経験頻度別で見ると、一度だけセク

143

ハラを経験した人の3.4%、時々セクハラを経験した人の1.5%、何度も繰り返しセクハラを経験した人の0.9%しか、「会社とは無関係の弁護士や社会保険労務士に相談」していません。

　これらの数字から考えても、セクハラの被害者にとって、何らかの行動を起こすということがいかに容易でないかということがわかります。まして、弁護士の元に相談に来るなどということは、余程のことなのです。われわれはこのことを十分に自覚して、事案にあたることが大切です。

法的検討②〜パワハラとして
主張される事象に対する法的評価〜

▶ **パワハラにあたるのか、**
それが問題だ

―― 「パワハラ」という言葉は、かつては社会における俗称であった。
しかし、現在は、法律においてその概念が規定されている。パワハラ事
案に対応するには、その概念を正しく理解することが必要である。とは
いえ、「これはパワハラ。これはパワハラじゃない」と紋切り型に判断
することが難しいのも事実である。

パワハラとセクハラの定義

ハラスメントとは、いわゆる「嫌がらせ」のことを指しますが、その
中で、パワハラとはどのような概念なのでしょうか。

この点、労働施策総合推進法30条の2第1項は、「事業主は、職場に
おいて行われる優越的な関係を背景とした言動であつて、業務上必要か
つ相当な範囲を超えたものによりその雇用する労働者の就業環境が害さ
れることのないよう、当該労働者からの相談に応じ、適切に対応するた
めに必要な体制の整備その他の雇用管理上必要な措置を講じなければな
らない」と定めています。

ここからパワハラの定義部分を抽出すると、①「職場において行われ

る優越的な関係を背景とした言動であつて」、②「業務上必要かつ相当な範囲を超えたものにより」、③「その雇用する労働者の就業環境が害される」ものという3要件が浮かび上がります。

　次に、セクハラの定義を見てみましょう。男女雇用機会均等法11条1項は、「事業主は、職場において行われる性的な言動に対するその雇用する労働者の対応により当該労働者がその労働条件につき不利益を受け、又は当該性的な言動により当該労働者の就業環境が害されることのないよう、当該労働者からの相談に応じ、適切に対応するために必要な体制の整備その他の雇用管理上必要な措置を講じなければならない」と定めています。

　ここからセクハラの定義部分を抽出すると、【A】「職場において行われる性的な言動に対する」、【B-1】「その雇用する労働者の対応により当該労働者がその労働条件につき不利益を受け」、【B-2】「又は当該性的な言動により当該労働者の就業環境が害される」という3要件が浮かび上がります。【B-1】は対価型セクハラ、【B-2】は環境型セクハラと呼ばれます。

パワハラの特殊性とは

　では、パワハラとセクハラの決定的な違いは何でしょうか。それは、パワハラの定義においては、セクハラの定義とは異なり、②「業務上必要かつ相当な範囲を超えたものにより」という要件があることです。

　この点、セクハラは本来職場に持ち込むべきでない「性的な言動」であって、それが業務上の注意・指導の一環で行われるということはあり得ないため、②「業務上必要かつ相当な範囲を超えたものにより」といった限定は付いていないわけです。

　それに対して、パワハラは、「業務上の注意・指導が行き過ぎてしまった」というケースが多いと言えます。そのため、②「業務上必要かつ相当な範囲を超えたもの」という限定を付け、業務上適切な注意・指

導と区別をしようとしたわけです。

　以上のように、パワハラであるか否かを検討するうえでは、「業務上適切な注意・指導」との区別をつける必要があります。とはいえ、それは決して容易なことではありません。

パワハラ 6 類型

　そこで 1 つの基準になり得るのが、厚生労働省の「職場のいじめ・嫌がらせ問題に関する円卓会議ワーキング・グループ報告」における以下の 6 分類です。

(1) 身体的な攻撃（暴行・傷害）

(2) 精神的な攻撃（脅迫・暴言等）

(3) 人間関係からの切り離し（隔離・仲間外し・無視）

(4) 過大な要求（業務上明らかに不要なことや遂行不可能なことの強制、仕事の妨害）

(5) 過小な要求（業務上の合理性なく、能力や経験とかけ離れた程度の低い仕事を命じることや仕事を与えないこと）

(6) 個の侵害（私的なことに過度に立ち入ること）

　具体的な事例の検討においては、上記 6 分類のいずれにあたると言えるのか、そしてそれは、②「業務上必要かつ相当な範囲を超えたもの」と評価できるものであるのかを中心的に検討するとよいでしょう。

その情報、他の人にも共有していいの?

弁護士5年目　女性

居住地域の開示

　ハラスメント窓口で受け付けた相談のうち、パワハラだと訴えられていたもので、判断に悩んだ事案がありました。

　従業員Aは、通勤直前に交通機関のトラブルがあり、出社が遅れてしまう旨を、社内のグループチャットを利用して部長宛に報告しました。これに対して同部署の上司Bが、「Aさんの自宅から300メートルほどの○○の前から出るバスに乗れば間に合うのではないですか?　今日は出張組がいなくて人数に余裕がないので、言い訳ばかりせずに時間に間に合うよう出社してください」というメッセージを返信しました。

　従業員Aは、自分には如何ともし難い交通機関のトラブルを「言い訳」だと決めつけて無理な出社を強制したうえ、同意なく居住場所を公表するものとしてパワハラに該当するとハラスメント窓口に訴えました。

　一方、従業員Aは従前からさまざまな理由をつけて頻繁に遅刻欠勤しているという背景事情がありました。シフトに穴があくことで業務に支障が出るとして、他の従業員らからは管理職に苦情が来ていました。

欠勤・遅刻・早退理由の確認とプライバシー侵害

　有給休暇以外の欠勤・遅刻・早退については労務提供がないことや、懲戒理由にもなり得ることから、使用者側が必要な範囲で理由確認をすることは当然認められます。しかし当該欠勤・遅刻・早退理由について、

148

労務管理上必要な範囲を超えて詮索を行ったり、他の従業員に共有したりすることはプライバシーの侵害となり、パワハラの6類型中「個の侵害」該当性が問題になります。

事案の検討

　上司Bが、従業員Aの労務管理に関する情報の確認をする職務にあるか、決裁権限を誰がもっているかはまず確認する必要があります。

　就業時刻までに到着するための手段を伝えることは「業務上必要かつ相当な範囲を超えた」とは言えないように一見思われます。しかしながら、本件では同時に一定範囲までの住所特定につながる情報が他の従業員に共有されてしまっており、これがプライバシーに関わる情報であることは間違いありません。また、上司Bは従業員Aへの伝え方として、グループチャットに返信するのではなく、従業員Aのみに伝えれば足りる状況でした。本人の同意なく住所を推測させる情報を共有することは不適切だったと言えます。

　しかしながら、「就業環境を害する」ものだったか、違法性が認められるか、認められる場合どの程度の処分とすべきかという点では、共有された情報がピンポイントでの住所そのものではないこと、共有が部署内の範囲に限られること、従業員Aが居住地域の共有に否定的な態度を従前から示していたのか、従業員Aの居住地域を知っていた者はいなかったのか（年賀状のやり取りはなかったか）、緊急連絡先のような形で従前から共有されていなかったのかどうか等を考慮する必要があるでしょう。グループチャットの登録人数によってもある程度検討の幅が出てきそうです。

産業医への相談状況

　上述と同様の「プライバシー侵害」を軸にしたパワハラの訴えで、休職中の社員について、職場復帰の目途を職場内のチームに共有する目的で、産業医への相談日、医師の判断見通し等を部署内のメンバーに共有したという事案もありました。

　個人情報の保護に関する法律（以下、個人情報保護法という）上、「健康診断等の結果に基づき、又は疾病、負傷その他の心身の変化を理由として、本人に対して医師等により心身の状態の改善のための指導又は診療若しくは調剤が行われたこと」（個人情報保護法施行令2条3号）は、個人情報保護法2条3項の「要配慮個人情報」にあたる情報であるため、取扱いに十分注意する必要があります。「雇用管理分野における個人情報のうち健康情報を取り扱うに当たっての留意事項について」（平成29年5月29日個情第749号・基発0529第3号）は、このことを確認し、「健康情報は、労働者の健康確保に必要な範囲で利用されるべきものであり、事業者は、労働者の健康確保に必要な範囲を超えてこれらの健康情報を取り扱ってはならない」と規定したうえ、健康情報の取得、第三者提供には本人の同意が必要と明記しています。

　休職中の従業員としては労務提供義務との兼ね合いで事業主に共有せざるを得ない情報であるため、「優越的な関係」を背景として収集されたものです。事業主が他の従業員に対し、休職中の社員の職場復帰の目途を伝えるとしても、精神症状による休職であることや産業医への相談日等を共有する必要は全くないのであり、本人の同意なく共有することは「業務上必要かつ相当な範囲を超えた」ものとして基本的にパワハラに該当すると考えられます。

パワハラと主張する実益

　当初相談を受けたとき、プライバシー侵害とパワハラを別のものとし

て切り分ければよいのではないかとも思いました。しかしながら、「パワハラ」に該当すれば労働関係法上の具体的な措置が問題になるため、従業員としても相手方の懲戒処分や改善措置を求めやすいですし、訴えを受けた使用者側にとっても大きな問題です。仮にプライバシー侵害という訴えだけでパワハラへの言及がない場合でも、検討を怠らないようにする必要があります。

体験談2

その不満はパワハラ？

弁護士8年目　男性

本当にパワハラですか？

　パワハラという言葉は、現在においては広く使われる言葉となっており、ハラスメントの中でも代表格の1つになっているように思われます。
　私は、使用者側からの相談を受けることが多いのですが、使用者からも従業員からも、パワハラという言葉が多義的に使われていると感じることがあります。
　以前、ある会社から、従業員が会社や上司からパワハラを受けたと言われているという相談がありました。

相談内容

　従業員は、上司から、日々、能力不足や協調性不足であると口頭やメールで叱責され続けたことに不満をもっていたようでした。その中で、

会社から、現在所属する部署から別の部署に配置転換が言い渡されたことで、上司の度重なる叱責行為や他の部署への配置転換を行ったことがパワハラにあたるとして、団体交渉を通じて、配置転換の撤回が求められたというケースでした。

そこで、上司がどのようなやり取りを当該従業員としていたのかをメールで確認するとともに、直接、上司からも話を聞くことにしました。メールのやり取りは長期にわたり、量としても膨大になっていましたが、その中で、上司は、当該従業員に対して、どこが悪い点でどこを改善してほしいのかを事細かに指摘しており、当該従業員からされた反論に対しても丁寧に回答をしているようでした。一部表現として厳しい内容が含まれていましたが、人格否定をすることもなく、あくまで業務上の指導の一環として行われているように見受けられました。また、メールも上司と当該従業員との1対1で行われており、多数の従業員に閲覧できない状態でもありました。

当該従業員にも言い分があるようでしたので、従業員からすれば、相容れない意見を言われたことに苦痛を受けたのかもしれません。その点から、上司からパワハラを受けたという主張につながったものと思われます。

しかし、上司の言動は、あくまで業務上の指導にあたると判断し、パワハラにはあたらず、また配置転換の処遇についても撤回するつもりはない旨伝え、最終的にはその従業員は自主退職することで決着がつきました。

勉強会のすすめ

他の相談でも感じることですが、パワハラという言葉が一般化したことにより、会社内での不満がパワハラという概念に押し込まれることが多いように感じます。

今回のケースでは、結論的には、パワハラには当たらないことを伝え

たところ、当該従業員もある程度納得をしたのか、その後強く反論をされることなく終了しましたが、会社内の不満を全てパワハラと主張されては、会社の負担も計りしれません。また、実際にパワハラが行われているとすれば、会社としては是正するよう対応をせざるを得ません。

　そこで、私は、よく依頼者には会社側、従業員側双方にパワハラについての勉強会を行うなど、パワハラについての理解を深める機会を設けた方がよいとの提案を行っています。改正労働施策総合推進法により、大企業は2020年6月1日から、中小企業は2022年4月1日からパワハラ防止対策が義務化されますので、今後ますます提案する機会は多くなりそうです。

　私のおすすめのツールは、厚生労働省が開設している「あかるい職場応援団」というWebサイト（https://www.no-harassment.mhlw.go.jp）です。このサイトでは、パワハラを受けた従業員の立場から今後どのような対応をとればよいかや、部下からパワハラと言われた管理職の立場から具体的にどのように部下と接すればよいかなど、立場ごとにQ＆Aや動画等で解説しています。また、オンライン研修などのコンテンツもありますので、勉強会の題材として依頼者にも勧めやすいものとなっています。

ワンポイントアドバイス

パワハラと主張する実益とは？

　体験談の中でも触れられていますが、「そもそもパワハラである」と主張する実益がどこにあるのかと悩むこともあるでしょう。

　この点、労働施策総合推進法30条の2第1項は、①「職場において行われる優越的な関係を背景とした言動であつて」、②「業務上必要かつ相当な範囲を超えたものにより」、③「その雇用する労働者の就業環

境が害される」ものをパワハラとしています。このように法律上の定義
がある場合は、その要件にあてはめることによって「違法性があるこ
と」を主張しやすくなると言えるでしょう。

　また、同条同項が「当該労働者からの相談に応じ、適切に対応するた
めに必要な体制の整備その他の雇用管理上必要な措置を講じなければな
らない」と規定していることから、会社に対して、パワハラを雇用関係
上の問題として扱うように要請しやすくなるでしょう。その結果、加害
者への懲戒等の処分を求めることもあるかもしれません。

　さらに、職場内における違法行為であることから、被害者の精神的苦
痛は比較的大きくなると構成し、慰謝料の増額を求めるという主張もあ
り得るでしょう。

　パワハラであると主張する実務上の実益は、以上のような点に求めら
れると考えます。

Method 16 | 法的検討③ ～新しい〇〇ハラスメント（SOGI ハラ、アウティング、リモハラ等）～

▶ ハラスメントは多種多様

——セクハラ、パワハラ、マタハラなどに加え、昨今では、SOGI ハラ、リモハラなど、新しい類型のハラスメントが世間の耳目を集めている。ハラスメントがもたらす多大なリスクに照らし、どのようなものがハラスメントに該当し得るのかを適切に把握し、早めの対応を講じることが重要である。

ハラスメントの種類

ハラスメントとは、一般的に、「優越した地位や立場を利用した嫌がらせ」を意味するものであるところ、セクハラやパワハラは法律上定義が設けられていますが、これ以外にも、さまざまな類型のハラスメントが想定し得ます。そのため、今後も、労働者からハラスメントと主張され、使用者として予防措置や対応が求められる類型のハラスメントが新たに出てくる可能性があります。

マタハラについては、法律上の定義は定められていませんが、「事業主が職場における妊娠、出産等に関する言動に起因する問題に関して雇用管理上講ずべき措置等についての指針」（平成 28 年厚生労働省告示第 312 号）がすでに制定され、類型や事業主が講ずべき措置の内容が示されていますし、SOGI ハラ（性的指向や性自認について差別的な言動を

するなどのハラスメント行為）やアウティング（本人の同意なしに性的指向や性自認を第三者に曝露すること）については、いわゆるパワハラ防止指針（「事業主が職場における優越的な関係を背景とした言動に起因する問題に関して雇用上講ずべき措置等についての指針」（令和2年厚生労働省告示第5号））において、パワハラに該当する例と示され、カスタマーハラスメント（顧客や取引先からの暴力や悪質なクレームなど著しい迷惑行為）については、やはりパワハラ防止指針において、雇用管理上の配慮として事業主が行うことが望ましい取組みが明記されています。

注目されるハラスメント

　上述のように法律や指針に定められているハラスメントのほか、昨今では、会社の飲み会でアルコールを強要する「アルハラ」、求職者に就職活動を終えるよう強要する「オワハラ」など、マスコミ等により命名され、広く認識されるような新しいハラスメント類型が出てきています。
　近時は、新型コロナウィルス感染症のまん延により在宅勤務が広く取り入れられるようになり、リモートハラスメント（リモハラ）という類型も、世間の耳目を集めています。リモハラとは、主に、在宅勤務中、Webカメラを通して見える相手のプライベートに関わる事項を指摘したり、業務遂行に必要な範囲を超えた干渉を行ったり、Webを通じて過度の監視を行うなど業務時間内外問わず精神的に過度の圧迫感を与える行為を示すといわれています。

新しいハラスメントへの対応

　今後も、新しい「嫌がらせ」がハラスメントとして労働者から主張され、使用者にこれに対する措置義務が認められていく可能性があります。

名称は何であれ、当該言動が、①職場等における優越的な関係を背景として行われたものであり、②平均的な労働者の感じ方を基準として、精神的・肉体的苦痛を与える、又は、職場環境を悪化させるようなものである、と評価されるものである場合には、使用者は安全配慮義務として当該言動を防止する措置を講じ、そのような言動が行われた場合には適正な対応が求められることになるでしょう。

　特に近年は、多様な働き方が認められるようになってきていますので、従業員の言動や、心身の健康についての管理も従来どおりのやり方では難しくなってくる場合があります。しかしながら、ハラスメント対策を行い良好な職場環境を維持しなければ、生産性の低下、人材の流出など、企業にとって大きなリスクを負うことになりますので、従業員の職場環境が良好に保たれ、心身の健康が保たれているか、看過されているハラスメントがないか、事業主は常に気を配り、適切な措置をとる必要があります。

　なかには、それもハラスメント？　と首をひねるようなものもあるかもしれませんが、労働者から申告や相談があった場合には、真摯に対応するよう心がけましょう。

体験談 1

テレワーク時代のハラスメント

弁護士７年目　男性

相談の内容

　スポーツ用品メーカー営業部の管理職の方から、以下のような相談を受けました。

157

その時期は新型コロナウィルス感染症がまん延し、1回目の緊急事態宣言が出されていたときであり、その会社でもテレワーク用の機材を従業員に配布し、全社的に、できる限りテレワークを実施するとの方針が示されていました。

そのような中、相談者は、営業部で勤務している従業員（20代後半の男性）に対して、週2回程度は出勤するように求めました。

ところが、その従業員は高齢の祖父母と同居しており、自分が新型コロナウィルスに感染させてしまうのが心配だと言って一切出勤して来ず、困っているというものでした。

過大な要求？

実際のところは、相談者の従業員に対する伝え方にも問題があり、従業員もへそを曲げてしまったところがあったのですが、気になったのは、そもそも週2回程度出勤するよう求める業務指示がパワハラに該当し得るのか、ということでした。すなわち、いわゆるパワハラ防止指針の定めるパワハラの代表的な類型としての、「過大な要求（業務上明らかに不要なことや遂行不可能なことの強制・仕事の妨害）」に該当し得ないのではないかと考えました。

少なくともこれまでは、うつ病等の精神的な疾患を抱えている等といった事情でもない限り、使用者が従業員に対し、会社に出勤するよう求めることが「過大な要求」に該当するということはあり得なかったでしょう。

本ケースに即して考えてみると、会社に出勤するように求めたのは、取引先との連絡等、営業業務の円滑な遂行のためであるところ、目的の正当性を検討するにあたっては、実際に会社にはいなくても、取引先との連絡等が支障なく行え、営業業務に支障が出ないといえるのかが問題になると考えられます。この点、当時の会社の体制に照らすと、実際に担当者が会社にいないと、すぐに取引先との連絡がとれない、部内での

情報共有が困難になる、上司の目が届きにくくなる等といった諸々の支障が出るのは事実でしたので、目的そのものには正当性があり、同指示の必要性も認められるといえます。

　そこで、手段として週2回程度会社に出勤するよう求めることが適切か、選択した手段が目的と合致しているといえるのかということが、当該指示が、業務上の適正な指示の範囲内か否かの判断基準になるであろうところ、上述の業務上の支障を回避するために、週2回程度会社に出勤するよう求めることは過度な負担を課すものであり不相当・不適切とまではいえず、パワハラに該当するような「過大な要求」にはあたらないのではないかと思います。

　もっとも、緊急事態宣言下であり、新型コロナウィルスへの感染の危険性は否定できない中、使用者は労働者に対する安全配慮義務を負っています（労働契約法5条）。そのため、そのときは、相談者に対し、従業員に出勤するよう丁寧にお願いするしかないのではないか、といった程度のアドバイスしかできませんでした。

テレワーク普及に伴い、ハラスメントも変わる？

　本ケースは、緊急事態宣言下という特殊な状況下のものなので、一般化はできないと思います。

　ただ、労働施策総合推進法が改正（令和2年6月法律24号）され、職場におけるパワハラ防止対策が事業主に義務付けられましたが（中小事業主は令和4年4月1日から）、同法30条の2第1項に規定されている「労働者の就業環境」のあり方も、テレワーク普及に伴い変わってくるのではないか、それに伴い、事業主に求められる措置のあり方（テレワークに対する対応等）も変わってくる可能性があるのではないかと考えるきっかけになりました。

リモハラに要注意！

弁護士 10 年目　女性

テレワークを始めてみたけれど……

　「こんなご時世だから、当社もテレワークを始めたんだけど、社員が
サボっているのか、全く生産性が上がらなくてね。やり方が悪いんだろ
うか」と、顧問先である A 社の社長から相談を受けました。

過干渉にメリットなし

　そこで、A 社のテレワーク運用につき詳しく話を伺ったところ、①
ミーティングルームへの常時アクセスを求めている、②業務対応の度に
Web カメラを ON にするよう指示している、という 2 つの問題点が明
らかになりました。
　テレワークでは、オフィスワークと同様の勤怠管理ができないとの理
由から、従業員に対し、過度な通信手段を要求してしまいがちです。し
かし、自宅というプライバシーが最も重視されるべき空間にいながら、
常に会社の監視下に置かれているような状況を作出することは、従業員
に過大なプレッシャーを与えるばかりか、会社や上司に対する不信感を
抱かせ、モチベーションの低下につながりかねません。今回のケースに
おいても、従業員に過度な通信の負担を強いるテレワーク運用を行って
いたことが業務効率の低下を招いた大きな要因であったと考えられます。
　また、従業員に過度な通信手段を求める運用が業務上必要かつ相当な
範囲を超え、それにより労働者の就業環境が害されているといえる場合

160

には、パワハラに該当する可能性があります（労働施策総合推進法30
条の2第1項）。

リモハラの危険性

　テレワークの急速な普及により、その運用に起因したさまざまなハラ
スメント、いわゆるリモハラが増加しています。A社もまた、テレワー
クの適切な運用を十分に検討することなく導入を急いだ結果、いつハラ
スメントが発生してもおかしくない状況でした。

　テレワークは、公私の切り替えが難しいことから、オフィスワークに
比べ、ハラスメント行為を誘発しやすい勤務形態であるといえます。ま
た、リモハラは、社外の通信機器を利用して行われますので、被害が深
刻化するまで発見できないケースが多く、対応が遅れる傾向にあります。
さらに、リモハラは、スクリーンショット、録音、録画等による証拠収
集が容易なハラスメント類型であるという特徴を有していることから、
通常のハラスメント事案に比べ、会社が被害者から法的な請求をされる
リスクも高まります。

　このように、不適切なテレワーク運用は、A社のように業務効率の
低下を招き、危険なリモハラの温床となる可能性をはらんでいます。

リモハラ防止策

　A社には、このようなリモハラの危険性を十分に理解していただい
たうえで、適切なテレワーク運用のため、従業員の働きやすい環境に配
慮した以下のルール作りを提案しました。

　第1に、一般家庭の通信回線は、オフィスとはその速度や容量が異な
るため、通信の負担は、できる限り軽減すること。特に、Webカメラ

の使用については、プライバシーにも関わることから、必要最小限にとどめること。第2に、必要性に応じて業務指示や進捗報告の頻度・方法を定め、効率的な連絡体系を構築すること。第3に、全従業員に対し、リモハラに該当し得る事柄を具体的に示したうえで、その防止を周知徹底すること。第4に、テレワークに関する悩みや問題点について定期的にアンケートをとるなど、従業員の声を拾い上げる機会を設けること。

　そして、Ａ社がルール作りを実践した半年後、社長から、「思った以上の効果が上がって驚いたよ」と嬉しい報告をいただきました。

　テレワークは、会社資源のコストカットや労働者のワークライフバランスの実現など、労使双方に大きなメリットを与えてくれる業務形態であり、今後、ますます浸透・定着していくことが考えられます。顧問先がテレワークを導入する際には、形式的なテレワーク規定の作成にとどまらず、会社の事業規模や事業内容に合わせたきめ細やかな運用ルールの作成についてもサポートしましょう。

ワンポイントアドバイス

新しい働き方の導入時こそ慎重に

　リモートワーク等、新しい働き方を導入する際には、導入のための制度や設備の整備、同制度下での業務の円滑な運営などに労力や意識をとられ、従業員の健康や職場環境への配慮がおろそかになってしまうかもしれません。しかしながら、新しい働き方を導入するというだけでも、従業員にとっては大きなストレスとなり得ますので、そういうときこそ、ハラスメントが横行したり、それにより心身の健康を損ない業務能率が下がったりするリスクも高まります。

　新しい働き方を導入する際には、ハラスメントへの措置も十分かどうか、あらためて意識・確認することをアドバイスできるよう、弁護士と

しても十分意識しておくべきでしょう。

▶ まずは冷静に振り返ろう

——ハラスメント行為をしているとして、突然、加害者の立場に置かれ
て動揺する相談者に対して、弁護士はどのように対応すべきだろうか。

加害者としての責任を侮るなかれ

　ハラスメント行為を行ったと認定された加害者は、会社から懲戒処分
を受けたり、懲戒処分の前提の調査段階でも、就業規則で自宅待機を命
じ得る旨の規程がある場合には合理的な期間自宅待機が命じられたりす
ることがあります。また、管理職等の地位にある場合には、人事権行使
として降格や降職処分を受けることが考えられます。さらには、事実上、
職場内で噂等が広まれば、職場に居づらい雰囲気が生まれる等、会社内
でさまざまな不利益を受けるものと思われます。

　それに加え、被害者からは、不法行為責任（民法 709 条）を根拠に、
治療費、通院交通費、慰謝料等に加え、休業を余儀なくされ収入が減少
した場合には休業損害、退職後も精神的な疲労等から再就職に長期間を
要した場合などには、逸失利益等の損害賠償請求を受ける可能性もあり
ます。

　もし、被害者が警察に被害届や告訴状を提出すれば、刑事事件として、
被疑者の立場で捜査を受けることになり、場合によっては、暴行罪、傷

害罪、強要罪、名誉毀損罪等により刑事責任を問われることもあります。

　また、従業員のハラスメント行為が、「事業の執行について」なされた場合には、会社は被害者に対して使用者責任（民法715条1項）を負い、行為者が代表権を有しない取締役であった場合も、会社は使用者責任を負います。行為者が会社の代表権を有する場合は、会社は会社法350条（会社ではなく、法人が一般社団法人及び一般財団法人の場合に、一般社団法人及び一般財団法人に関する法律78条、197条）に基づいて、第三者に対して損害賠償責任を負います。

　その他、会社は、使用者の従業員に対する労働契約に基づく付随義務としての職場環境配慮義務を負っていることから、ハラスメント行為により当該義務違反が認められれば、被害者に対して不法行為責任を直接負います。

　また、会社は、従業員との雇用契約上、従業員に対し、労務の提供に関して良好な職場環境の維持確保に配慮すべき義務ないし従業員の安全に配慮する義務を負っているため、労働契約上の債務不履行責任（民法415条）も負います。

　このように、ハラスメントの加害者と認定されると、行為者のみならず会社も、さまざまな法的・社会的責任を負い、それらは決して軽いものではないことを認識する必要があります。

身に覚えがない場合

　全く身に覚えがないにもかかわらず、突然、加害行為をしたとして申告された場合は、当然のことながら、会社に対してきちんと自分の認識を伝えることが不可欠です。そのような立場に置かれた際に、「自分はやっていないのだから、会社はわかってくれるはずだ」、「自分はやっていないのだから、被害者から証拠など出てくるはずがない」、「自分は会社から信頼されているから、この程度認めても大丈夫だろう」と安易に構えて、きちんと否認することを忘れば、上述の重い責任を負うことに

なりかねないことを、相談者に認識してもらう必要があります。そのようなことは、弁護士にとっては当たり前のことかもしれませんが、突然、加害者の立場に置かれた相談者は、動揺し、その当たり前の判断ができずに、諦めてしまったり、あるいは申告された事実を受け入れ難い気持ちから、大したことではないと受け流そうとするおそれもあります。ですので、念のため、調査に応じる際の姿勢について確認しておくべきです。

　ハラスメント行為の調査は、ただでさえ、調査の順序・秘密保持の仕方等の調査方法に慎重な配慮を要するうえに、そもそも会社の調査能力・聴取技術が不足していたり、証拠の評価能力が未熟だったりする場合には、ハラスメントがないことを理解してもらえないリスクがあります。特に、ハラスメント問題や対策に不慣れな会社において、かかる被害申告がなされた場合には、ハラスメント対応の落ち度により会社の責任を問われるリスクに過剰反応を示し、被害者救済という観点に偏りすぎた結論ありきの調査が行われたりするおそれもあります。すなわち、必ずしも、真実に即した事実関係が明らかになるとは限らないのです。

　そのため、まずは、身に覚えのない加害行為の申告を受けた場合には、会社に対して毅然と否認することが不可欠です。

「身に覚えがない」にご注意

　ここで気を付けたいのが、加害者とされた側が「身に覚えがない」、「そのような行為はやっていない」と主張する場合の、その意味するところです。行為自体全くないという意味なのか、被害者が加害行為であると申告している行為に思い当たる節はあるが、行為の状況や態様等が違うのか、被害者が加害行為としている行為は事実と合致しているが、ハラスメントの意図は全くなくハラスメントと言われることは甚だ心外である、という意味なのか、相談を受けた弁護士としてはきちんと把握することが必要です。

　通常、職場において加害者とされた社員と被害者は何らかの接触があり、被害を訴える側も虚偽の事実を訴えたりすれば、逆に不利益を被るリスクがある中で申告がなされるのですから、行為の存在自体が全くないということについては、基本的には慎重に考えるべきです。

　セクハラにおいては、対象とされる行為が密室で行われることが多く当事者以外の証拠が乏しく、事実の認定がそもそも困難であることが多いのが特徴です。他方、パワハラにおいては、降格等の人事措置自体がパワハラ行為に該当したり、他の従業員などの目撃者が存在したりすることも少なくないため、セクハラと比べると事実の存在自体は認定しやすいものの、違法性の判断となると、言葉による注意・指導（暴力は、仮に指導をする業務上の必要があっても、手段としての正当性はありません）や、通常と異なる業務の命令などは、業務上必要なものとの区別が難しく、被害者側と加害者側で、対象となる行為の評価について差異があることが通常です。

　したがって、「身に覚えがない」、「そのような行為はやっていない」という言い分を、単純に言葉どおりに受け取ってしまい、事案が進んだ段階で足をすくわれることのないように、弁護士としては、事実関係の確認を慎重に行いたいところです。

会社からの事情聴取に対して

(1)　行為が思い当たらない場合

　会社から加害者として事実聴取を受ける際に、まずは、被害を訴えている相手方が、どのような行為を指してハラスメントだと言っているのか確認することが不可欠です。特に、自分自身に思い当たる節がないのに、加害行為があったとして申告を受けた場合には、「いつ」、「どこで」、「どのような状況で」、「誰に対して」、「どのような行為をしたか」、加害行為とされた行為の内容を確認することが必要です。それを踏まえ、自らの行動を振り返り身に覚えがないのであれば、その旨をはっきりと会

社に伝えなければなりません。

　そのうえで、なぜこのような申告がなされたのか、申告がなされるに
至る前後の状況や日頃の業務上の出来事などから検討し、思い当たるエ
ピソード・背景事情があるのであれば、それもあわせて会社に伝えるよ
うに、相談者にアドバイスをしましょう。

(2)　行為が思い当たる場合

　反対に、思い当たる節がある場合にも、申告者が加害行為と申告して
いる行為の態様（具体的な言辞、声の大きさ、指導時間等）や状況（周
囲における他の社員や顧客の有無、指導に至る原因・経緯等）を確認し
たうえで、申告者の日頃の勤務内容・態度・成績、これまでの指導内
容・頻度、それに対する改善の有無・程度、申告者との人間関係などを、
メール、指示書、これまでに提出された始末書や業務日誌等の客観的な
証拠に基づいて、会社に対して、丁寧に説明をすることが必要です。ま
た、これらの事情を知る他の社員等周囲の協力も得たいところです。

　このように、根拠に基づく丁寧な説明をすることによって、会社に、
自分の言動が業務上の必要かつ相当な範囲内のものであったことを理解
してもらわなければなりません。

部下のためを思っての指導だったのに

弁護士 10 年目　男性

ミスを繰り返す部下への注意

　10 名ほどの部下を取りまとめている管理職の X さんから、「部下から
パワハラ被害の申告をされてしまった」との相談がありました。

　X さんの部下である A さんは入社 3 年目の若手社員です。普段から
締切を守れなかったりやるべき作業を忘れていたりするなど業務上のミ
スが目立つ人でした。そのため、X さんは A さんについて特に目をかけ
ており、「ちゃんとメモをとったのか」、「進捗の報告を忘れずにしな
さい」、「○○の件はどうなっているのか。まだ作業をしていないのであ
れば優先してやるように」といった声かけを直接ないしメール等で常々
行っていました。それでもミスが発覚したときには、A さんを呼び出
して、その原因や改善点について根気強く丁寧に指導をしてきました。

　そうした中、A さんが部署全体に大きな影響を及ぼす重大なミスを
してしまいました。X さんはいつものように A さんを呼び出して話を
しましたが、ミスが大きかったことや A さんに反省の態度が見られな
かったことから、時折大きな声を出しながら 1 時間以上にわたって叱責
することとなりました。X さんは、その中で、「今のままだと周りから
やる気がないと思われても仕方ない」、「仕事に対する姿勢が変わらなけ
れば、あなたには仕事を任せられない」などといつもより強い言葉を投
げかけたと言います。また、ミスの原因をしっかりと考えさせるために
反省文を書いて提出するように指示したそうです。

部下のパワハラ申告

　次の日からＡさんは会社を休むようになりました。Ｘさんが Ａ さんのことを気にかけていると、ある日、急に役員に呼び出され、Ａ さんから「Ｘ さんにパワハラされた」との申告があったと告げられました。

　Ｘ さんにとっては藪から棒の出来事であり、「Ａ さんのことを思って親身に指導してきたのに……」と非常に落胆しました。Ｘ さんは自分の行為がパワハラになるとは全く思っていませんでしたが、役員から後日正式に事情聴取をすると言われたため、その対応を考えなければならないとのことで、私のところに相談にみえたのでした。

事情聴取に向けた準備

　私は、Ｘ さんの話を前提にすると、Ｘ さんの Ａ さんに対する行為は指導の範疇であり、パワハラには当たらないのではないかと考えました。反対に言えば、Ｘ さんの言動が指導の範疇であるということをしっかりと会社に伝えることが重要だと判断しました。

　Ｘ さんは Ａ さんと話した内容についての記憶が曖昧な部分が多かったので、まずはどのような内容をいかなる態様で言ったのかを思い出し、整理するようアドバイスしました。また、Ｘ さんと Ａ さんとのやり取りを聞いていた従業員がいれば、そのときの状況を証言してもらうように依頼するのがよいだろうと伝えました。さらに、Ｘ さんの指導が正当であったことを示す根拠とするため、Ａ さんの業務上のミスについて、今回の叱責の対象となったものだけでなく、過去のものまで遡って整理し、可能な限り客観的な資料を添えて会社に報告すべきであると助言しました。そのうえで、事情聴取を受ける際には、パワハラを毅然と否定し、自身の行為が指導の一環として適切なものであったと丁寧に話すことが重要だと伝えました。

会社の対応は

　その後、XさんとAさんに対する事情聴取が行われました。また、2人のやり取りの一部を聞いていた同じ部署の従業員からも聞き取りがなされました。

　会社は、Xさんから報告を受けたAさんのそれまでの仕事ぶりを確認したうえで、その経緯を重視し、今回のXさんの行為は指導の範疇であってパワハラには該当しないと結論づけました。その結果、Xさんには何らの処分もなされませんでした。従前のAさんのミスの内容やそれに対するXさんの指導の経過がメール等の客観的な資料として残っており、それを会社に提示したことが判断を左右する大きな要因となったようです。私のアドバイスが結果としてXさんの役に立ったことを嬉しく思いました。

　一方、Aさんはそのまま出社することなく会社を退職する運びとなりました。Xさんは、Aさんに裏切られたという思いがあったようですが、その一方で、目をかけていたAさんが退職することを残念に思っている様子だったのが印象的でした。

```
体験談 2
```

疑われても諦めない

弁護士5年目　男性

何となく腑に落ちない

　「会社からパワハラをしていると疑われ、ヒアリング対象となっている」とAさんから相談がありました。

Aさんは、いわゆる中間管理職の立場で、日々、実業と部下のマネジメントに頭を悩ませていたのですが、それでも、なるべくコミュニケーションをとりながら、うまくやってきたつもりでした。

　そんなある日、突然、人事担当の役員がやって来て、打合せと称した聞き取り調査に呼び出されてしまい、その場で、「名前は出せないが、とある人物から、君にパワハラをされていて辛いという申し出があった」と切り出され、根掘り葉掘り事情を聞かれたそうです。

　Aさんによると、確かに、聞かれた内容のうち一部の言動については、身に覚えがないわけではないものの、いずれも、本人が落ち込んでいる際に、十分に人格を認めたうえで、叱咤激励のために行ったものであり、業務上必要な範疇にとどまる程度の声かけであったとのことでした。

　Aさんとしては、確かに言動自体が全く存在しないものではなかった以上、懲罰を受けなければならないのかと落ち込んでいました。

　Aさんによれば、会社の人事部門が調査のために聞き取りを行った事例は、知る限り今回が初めてで、今までに似たような事例で調査が行われた例はないとのことでした。Aさんとしては、今回の聞き取り調査自体が、どうにも腑に落ちないようでした。

制度の新設

　その後、落ち込むAさんを励ましながら、社内の制度設計や規程などを何とかして集めてもらいました。

　これらをよく調べた結果、どうやら、つい3か月前に、一度、管理職より下の職位の職員に対して、職場の意識調査アンケートなるものが実施されていたことが判明しました。そのアンケートの回収担当が、先日突然やって来た人事担当の役員になっているではありませんか。これらの事実から、その担当役員が職場の実態をあまり把握できていないまま、独断で調査をしているのではないか、という仮説を立てて検証してみることとなりました。

弁護士として受任しないという選択

　その後、Aさんと何度も打合せを重ね検討したところ、今回は弁護士が代理人として出ていくなどの方策をとるよりも、Aさん自身で、会社内の人間にじっくり根回しをして、誤解を解く方法がよいのではないかという結論に至りました。

　私は、状況に動きがある都度、報告を受けてはアドバイスをし、時にはメールなどの文章を考えながら、後で証跡が残るように文章にする方法などをアドバイスしました。

　最終的には、会社に状況を理解してもらえたため、懲罰対象とならずに済むことができました。もし相談を受けた時点で深く考えたり話を丁寧に聞くのをサボったりしてしまえば、会社と対決姿勢で、代理人弁護士として登場して事態をこじらせてしまったかもしれず、正直なところ解決してほっとしています。さらに、弁護士として受任しないことで、円滑な解決ができる場面があることについて、貴重な学びとなりました。

ワンポイントアドバイス

ハラスメントに当たらないと判断されても

　会社の調査の結果、ハラスメントに当たらないと判断された場合であっても、社員が苦痛を感じハラスメントであるとして申告するに至ったという事実は存在するのですから、加害者として申告された者は、今後は、指導の相手方にハラスメントを受けたと誤解を与えないような行動を心がけることが懸命です。たとえ今回ハラスメントの該当性がないと判断されたとしても、それが度重なるようでは、やはり部下への指導力・現場の統率力不足が疑われ、同じような行為であってもハラスメント行為と認定されるようになる可能性があります。

また、会社としても、ハラスメント行為に当たらないとの判断をした場合であっても、苦痛を感じている社員がいる以上は、現場の士気や生産能力の低下を回避するためにも、配置換えをする等、適切な措置を速やかに行うのが望ましいと言えます。さらには、ハラスメント行為の申告を受けたことを契機に、社内のハラスメント対策の不備の確認や、相談窓口の実効性の検証・改善など、より充実した体制づくりを図ることも有用でしょう。弁護士としても、会社のピンチをチャンスに変えるアドバイスができるようになりたいものです。

Method 18	加害者に加害行為の 認識がない場合

▶ ハラスメントなんて やったことがないと言う あなた、本当に大丈夫？

——ハラスメントを行っているとの自覚のある加害者は論外だが、自分の行為が問題だという自覚のないままに、加害行為をしてしまったケースも意外と多い。そのような自覚のない相談者にはどう対応すればよいか。

自分ごととしての「ハラスメント」

近時のスポーツ界におけるパワハラ不祥事や、妊娠した際の不利益がトラブルになり「マタハラ」という言葉が広く使われたニュースなどがが相次いで報道されたことも記憶に新しいところですが、ひと昔前に比べて「ハラスメント」という言葉はかなり浸透しました。Method 16で述べたように、最近はセクハラ・パワハラだけでなく「パタハラ（パタニティハラスメント）」、「リモハラ（リモートハラスメント）」、「スモハラ（スモークハラスメント）」などさまざまなハラスメントが言われるようになってきました。

特に、セクハラ、パワハラという言葉は社会的に広く認知され、多くの人がそれらは問題のある行為だということを認識するようになりました。まず、それらの言葉が認知されるようになることは、不可欠ではありますが、それだけでは不十分です。ここで問題なのは、自分がその行為を行っていないかという観点からの認知が、まだ十分になされていない点です。

被害者から加害行為の申告を受けた際に、加害者側の第一声として「身に覚えがない」という発言が多いのは、この点に起因していると思われます。

あらためておさらいしたい「ハラスメントって何だっけ」

2019（令和元）年に「女性の職業生活における活躍の推進に関する法律等の一部を改正する法律」の成立、これによる「労働施策総合推進法」における職場でのパワハラ防止対策の事業主の義務化、あわせて、男女雇用機会均等法及び育児・介護休業法における、セクハラや妊娠・出産・育児休業等に関するハラスメントに係る規定の一部改正（今までのハラスメント防止対策の措置に加えて、相談したこと等を理由とする不利益取扱いの禁止や国・事業主及び労働者の責務の明確化などの防止対策の強化）等、次々と法整備が進められています。

このように社会において、ハラスメントを許さないという土壌ができ上がってきている一方、実効性のある防止対策どころか、その前提としての体制づくりという形式面すらできていない企業が、まだまだ多いのも現状です。

客観的には加害行為を行っているものの、本人たちにその自覚がない加害者側から相談を受けた場合には、まずは自分の行為がハラスメントに該当することを納得してもらうことから始めましょう（なお、実際には加害者ではない場合の対応については、Method 17 で解説しています）。この点で納得ができていないと、今後の交渉がスムーズにいかな

かったり、交渉が進み和解の段階になったりした場合に、成立可能な和解案の提示・検討に支障が生じるおそれもあります。

　対象とされた行為のハラスメント該当性を説明するのは当然ですが、それでも自分の行為が加害行為に当たることが納得できない相談者に対しては、問題とされた行為についてだけ説明するのではなく、一般論としてハラスメントに当たる具体的行為の例を挙げながら、あらためてハラスメント行為とは何かを説明していくことも有用です。厚生労働省開設の Web サイト「あかるい職場応援団」(https://www.no-harassment.mhlw.go.jp/manager/check/) に、パワハラの 6 つの類型のどれに該当するかチェックできるリストがありますので、参考にしてみてください。

ハラスメント行為はなぜ起きる？

　加害者が被害者に嫌がらせをしていることを自覚していない場合はもちろんのこと、嫌がらせをしていることを自覚している場合であっても、加害者側からは、そのような行為を正当化する理由が語られることがあります。

　例えば、加害者である相談者から、以下のような発言は出ていませんか。

・「ミスをするのは、仕事をなめている姿勢であり、正すためには、もっと厳しく指導しなければならない」

・「何度言ってもわからず、同じことを繰り返すことに付き合うのはうんざりする」

・「自分もかつて上司に怒鳴られながら成長してきた、若いうちは怒られてなんぼだ」

・「上司の言うことに従うのは当然で、意見をするなどもってのほかだ」あるいは「自分の意見を言わないなんて何も考えていないからで、仕事に対する意欲に乏しい」

・「新人であっても会社の一員になった以上は、教えられなくては動け

177

ないというのは甘えだ。むしろ、新人も経験者も同じように扱うのが
平等なのだ」
・「職場の人間関係をスムーズにするには、ムードメーカーの自分が、
ちょっとした下ネタで盛り上げることも必要だ」
・「最近、何かとすぐにセクハラだ、パワハラだと騒ぎすぎる風潮があ
るが、ルールだらけでは職場は円滑に回らない」

　これらは、一面合理的なようでいて、自らの考えや過去の経験に固執
し、相手の立場を考えないという特徴を有しており、かかる意識がハラ
スメントの温床を形づくっている可能性が高いと言えます。相手の立場
に立てば、自分の意見を有していても、上司に意見を言えない雰囲気を
上司の側がつくっていたり、新入社員が経験ある社員と同じように扱わ
れ、十分な指導がなされないのあれば、その新入社員において、経験あ
る社員と同様の結果が出せないのは、むしろ当然の結果であったりする
という、別の側面が見えてきます。
　また、加害者自身が過重な業務によるストレスにさらされていたり、
更なる上司からの圧力下にある等ハラスメントのいわば被害者ともいえ
る立場に置かれていたりする場合には、適切な指導をする余裕がなくな
り、杜撰な指示や加重な要求をするという行為を招く一因となることが
考えられます。

それ、本当に必要な指導ですか

　もちろん、業務上の必要性には、職種や具体的状況において大きな幅
があります。例えば、自衛隊や工事現場など、危険と隣り合わせの現場
で職務を遂行するような職種では、組織の規律を維持することが安全確
保につながる面があり、他の職種よりも厳しい指導を要することに合理
性があると判断されます。しかし、その場合にも、指導はあくまでも業
務に必要な範囲に限られ、どのような場合であって、感情に任せた暴力

が業務に必要な指導として正当化されることはありません。

　また、厳しい指導が必要な場合でも、感情に任せて大声を出したり怒鳴ったり、長時間にわたり叱責し続けたり、人格を否定したり、相手の会社における在籍を脅かしたりするような言辞は、もはや業務上必要な指導とは言えません。

　相手が何回指導してもミスを繰り返す場合などに、相手の能力不足と決めつけ、何回も始末書を書かせる前に、自分の指示が相手に理解できるような適切なものであったか、そもそも指示内容や量が不適切だったのではないかと振り返ることが必要です。仮に、そのような不適切な指示を繰り返したのであれば、そのような指示しか出せない"あなたの能力不足"であるかもしれないのです。

　自らの考えに固執する相談者に、あなたの能力不足です、とは、なかなか言えるものではありませんが、相手の立場に立つという発想を与えることで、自分の行為だけが正しいと勘違いしていた相談者が、被害者の受けたダメージに思い至り、職場環境を害したことを反省するに至ることができれば、加害者の相談を受けた弁護士としては、重要な役割を責任をもって果たしたと言えるのではないでしょうか。

逆ギレしてはいけません

弁護士９年目　女性

逆に訴えてやる！？

　ある製造業を営む中小企業の社長Ａから、「先月会社を辞めた女性従業員の代理人弁護士とやらから、内容証明郵便で通知書が届いたんだ！　セクハラ等で300万円請求するなんて書いてある！　ふざけてる！」と怒り心頭な口調での連絡がありました。

　そこで、通知書を持参してもらい、Ａからの相談を受けることとなりました。その通知書には、「飲み会の帰りにＡから抱きつかれるセクハラを受けた、それ以降、同僚の前で執拗に叱責されたり、毎日終業時間間際に、終業時間までには到底終わらない量の業務を押しつけられたり、業務上の質問をするとあからさまに無視をされたりして、精神的苦痛により体調を崩し、欠勤することが増えてしまった。すると、勤務怠慢だとして執拗に退職を迫られ、その場でＡが用意した退職届に署名押印させられた。Ａの一連の行為はセクハラ及びパワハラに該当し、違法な退職勧奨により退職を強要されたものであるから、経済的補償と精神的損害に対する慰謝料として300万円を支払うように求める」という内容が記載されていました。

　通知書に記載されているような内容の行為があったのか、Ａに確認すると、Ａは、記載されている事実自体は、概ね認めました。しかしながら、Ａの言い分は「当該女性従業員は、もともと仕事ができず、周囲から不満の声が多かったが、自分がフォローして数年間雇用を維持してきたものである。当該女性従業員は、飲み会の席で、『周囲とうまくいかないが、社長には感謝している、社長だけが頼りだ』などと言っ

ており、帰り道には身体を近づけてきたから、気持ちに応えるつもりで抱擁した。ところが、その直後、払いのけるようにして自分をにらみつけ、翌日からも非常によそよそしい態度をとるようになり、そのような態度に周囲からも興味本位な目で見られるようになった。そのため、変な噂などが立たないよう、以降は社長として厳しく指導し、本来行うべき業務量を与えるようにしたまでであり、また、退職に関しては本人が希望したもので、退職勧奨が違法だなどと言われる筋合いはない」というものでした。

Aは、「300万円だなんてとんでもない、当該女性従業員に対しては、たいした働きもしないのに高い給料を払い続けてきたし、多数のミスをして会社に損害を与えてきたのだから、その証拠を集めて、逆に訴えてやろうと思う！」と息巻いていました。

社長の説得

上述のとおり、Aには、自身の行為がハラスメントに該当する、という認識は全くありませんでした。そこで私は、Aの行為がハラスメントに該当すると判断されるものであること、仮に法的手続をとられた場合には、300万円とはいかずとも高額の損害賠償支払義務が認められる可能性も十分にあること、インターネットに書き込みをされたりすれば企業イメージ低下のリスクもあること、他方で、Aの主張する当該女性従業員のミスによる会社の損害賠償請求に関しては、認められる見込みが低いことを丁寧に説明しました。

これに対し、Aは全く納得せず、「とことん戦いたい、戦う気がないならば委任しない、別の弁護士を探す」と主張し、当該案件は相談のみで終了となってしまいました。

意外に多い、ハラスメントへの意識の低い経営者

　ハラスメントに対する法整備や、事業主の措置義務の強化が図られる近年においても、まだまだ「自分とは関係ない」などと何らの措置もとらず、自身がハラスメント行為を行っているような経営者も多数見られるのが現状ではないでしょうか。雇う側と雇われる側という力関係から、泣き寝入りを余儀なくされている労働者が多くいることも、原因の1つかと思われます。

　しかしながら、近時、労働組合にかけこんで労働争議に発展したり、ハラスメントを原因とした従業員の一斉退職を招来したりして、ニュースになってしまうなど、ハラスメントにより企業のイメージを大きく失墜する事象を招くケースも多々見受けられます。

　ハラスメントへの意識の低い経営者から相談を受けた場合には、その認識の甘さが招き得るリスクを十分に説明し、適正な対応及び改善措置に目を向けるよう説得できるスキルも、弁護士には必要だと日々痛感しています。

体験談 2

パワハラ被害における取締役の責任

弁護士 10 年目　女性

破産寸前の会社が民事調停を
申し立てられた

　レンタルタオル業を営む中小企業の A 社は、コロナ禍の下、おしぼり等の納品先である飲食店の閉店が相次ぎ、急激に業績が悪化してい

した。A社は、それ以前から債務超過の状態が続いていたことから、追加融資を受けられず、少し前に、私のところに破産手続の相談に来たばかりでした。そのような状況下、2か月前に退職した従業員からパワハラ被害を理由として、A社、代表者、加害者とされるB部長に対して損害賠償を求める民事調停を申し立てられたということで、代表者とA社の取締役とで、あらためて事務所に相談に来ました。相談に来たのは、なんと初回期日の1週間前でした。代表者は、「今はそんな余裕もないし、どのみち会社も私も破産するのだから」と何らの対応も行わないまま放置していたとのことです。

　急いで今後の対応を検討しなければならず、まずは、事実関係について詳しく確認することにしました。

　A社では、業績の悪化に伴い、営業ノルマが厳しくなっており、その頃から、B部長の部下に対する叱咤激励に暴言まがいの発言が含まれるようになっていきました。そのことを知った代表者は、B部長に対し、部下に対する言葉遣いに気を付けるよう注意はしたものの、それ以上の特段の指導や勧告は行いませんでした。B部長は、創業時から長年にわたり会社に貢献してくれた人物であり、会社を立て直そうと必死に頑張ってくれていたことから、それ以上、何も言えなかったそうです。被害者である調停の申立人は、営業職であったB部長の直属の部下であり、体調不良を理由にA社を依願退職していました。

安全配慮義務を負うのは会社だけじゃない

　私は、代表者は、社内においてパワハラを未然に防ぐための体制を構築せず、B部長の被害者に対する言動を知りながら、口頭で注意するにとどまり、事後的にも何ら適切な対策を講じなかった以上、B部長の行為がパワハラに該当し、これにより従業員が損害を被った事実が認められれば、会社の責任だけでなく、代表者も取締役としての責任を問われる可能性は極めて高い旨伝えました。これに対して、代表者は、自分は

破産申立ても予定しているのだから、今回の損害賠償も払わなくてよくなるのではないかと質問しました。これに対しては、私の方から、被害者の代表者に対する損害賠償請求権は、破産手続における非免責債権（破産法253条1項3号）とも考えられることから、仮に、こちらが調停に出席せず、相手方不出頭による調停不成立となり、訴訟に移行した場合には、破産手続上の障害にもなりかねないことを丁寧に説明しました。

　代表者は、自らが置かれた状況をようやく理解し、B部長とともに1週間後の調停期日に出頭することになりました。

　調停期日において、代表者とB部長は、事実関係を概ね認め、被害者に真摯に謝罪の意を表するとともに、支払可能な範囲で解決金の提示を行いました。B部長にはパワハラと受け取られかねない発言はあったものの、他方で、被害者を慰労するような言動もあったこと、調停係属中に被害者の再就職先が決まったこと、被害者も会社の窮状をある程度認識していたことなどから、最終的には、少額の解決金を支払うことで調停を成立させることができました。

ハラスメント発生は役員の責任であるという意識付け

　今回は、代表者しか責任追及の対象とされなかったケースでしたが、私は、代表者と一緒に相談に来た取締役に対して、取締役には、代表取締役の職務執行を監督すべき責務があり、その監督義務違反としてパワハラ被害の責任追及の対象となり得るリスクがあることを説明しました。取締役は、それまで、自分が調停の当事者とされていないことから、どこか他人ごとのような態度が見られましたが、その説明を聞いて、ハッとしたような表情をされたのが印象的でした。

　私は、今回の件を通じて、日頃から、取締役間において、社内のハラスメント対策が万全であるか、ハラスメント発生の際に迅速かつ適切な

対応がなされているかについて確認する機会を定期的に設けることが重要だとあらためて思いました。

ワンポイントアドバイス

弁護士だって、他人ごとじゃない

　インハウスローヤーに転職して、こんなにも職場というのは快適なものかと驚いたという声も聞いたことがあるほど、正直なところ、弁護士業界においても、セクハラ、パワハラの類の話はよく耳にします。加害者・被害者の当事者は、ともに弁護士ですから、ハラスメントの知識がないはずはありません。それにもかかわらず、問題行為が多発するのは、まさに「自分の行為がハラスメントに該当してはいないか」という、ハラスメント問題を、自分ないし実際の場面に引き付けて捉える意識が薄いからだろうと思います。

　弁護士の場合は法的には雇用関係にないことが多いとしても（仮に雇用関係にないからハラスメントは問題にならないと意図したうえで行っているとすれば、より悪質です）、ハラスメント知識を有しているはずの弁護士でさえ、いまだそのような状態であることからすれば、「ハラスメントとは何ぞや」というところから始める職場においては、ハラスメントに対する、より強い意識付けが必要になるでしょう。

　弁護士業界のハラスメントのエピソードは、そのことを示す１つのよい例ではないかと思います。

　若手弁護士の皆さん。将来自分が雇う側の立場になった際に、かつて自分が受けたかもしれないハラスメント行為を、今度は自分が行っていないかチェックするという意識をもつことを、頭の片隅に置いておいてください。自分の行為を客観的に見る目をもっていることは、相談者への有効なアドバイスにもつながることと思います。

問題あるハラスメント行為がなされてしまうことも少なくないこの業界において、ある先輩弁護士が、仲間内でなされた発言につき、「"セク"ではあっても、"ハラ"ではない」との名言（？）を残し、その場を笑いの渦で満たしたことがありました。バランス感覚の求められる弁護士において、十分な知見に基づき互いの信頼関係の下でなされた、ウィットに富んだその言葉にただただ感服したことが懐かしく思い出されます。

▶ 証拠集めは冷静に

——ハラスメントの加害者側の代理人になった場合、加害者本人の思う自身に有益な証拠と、裁判所における加害者に有利な証拠との間に齟齬があることが多い点に注意しなければならない。

セクハラの加害者側としての証拠収集

　セクハラの加害者として被害者から損害賠償請求をされ、これを争う場合、その主張としては、①そもそもセクハラに該当する言動が存在しない、②行為の態様、行為者の職務上の地位、年齢、婚姻歴の有無、両者の関係性、当該言動の行われた場所、その言動の反復継続性、被害者の対応等に照らし、違法性が認められない、との主張が考えられます。また、加害者が会社から懲戒処分を受け、これを争う場合は、①懲戒事由に該当するセクハラとなる言動が存在しない、②懲戒処分の相当性を欠く、との主張が考えられます。

　セクハラは、密室や2人きりの場面で行われることも多く、言動の存在を争う場合には、双方当事者の供述のみが証拠となることが多くなります。加害者側の代理人になった際には、供述自体に不自然不合理性がないか、ブレがないか、供述以外に何かそれを補強する客観的な資料がないか（当該時間に当該場所にいなかったことを裏付けるICカードの

187

出入場記録、携帯電話等で撮影した写真のプロパティの記録等）等をよく確認して証拠収集を行うこととなります。

　また、違法性や懲戒処分の相当性を争う場合には、両者の関係性や、当該言動の行われた場所や経緯、反復継続性などについて、まずは加害者本人からよく聞き取り、違法性や懲戒処分の相当性を争えるのか、代理人として冷静に判断して見通しを立てる必要があります。ほとんどの事案において、加害者本人は違法性等の認識がなく、相手方も好意を見せていた等と主張すると言っても過言ではありませんので、同主張が裁判所においても通用するのかどうか慎重に見極め、場合によっては当該主張が裁判所には通用しないことを、加害者本人によく理解してもらうよう説明しなければならないこととなります。

パワハラの加害者側としての証拠収集

　パワハラの加害者として被害者から損害賠償請求をされ、これを争う場合、その主張としては、①そもそもパワハラに該当する言動が存在しない、②社会通念上許容される業務上の指導の範囲を超えるものではないため違法性が認められない、との主張が考えられます。また、加害者が会社から懲戒処分を受け、これを争う場合には、①懲戒事由に該当するパワハラとなる言動が存在しない、②懲戒処分の相当性を欠く、との主張が考えられます。

　パワハラも、同言動の存在に関しては、証拠が被害者の供述のみであるということも多く、言動の存在を争う場合には、セクハラの場合と同様、加害者の供述に信用性があると認められるかを見極め、供述以外に何かそれを補強する客観的な資料がないかどうかについて確認し、できる限りの証拠収集を行うこととなります。

　また、違法性や懲戒処分の相当性を争う場合には、やはりセクハラの場合と同様、両者の関係性や、当該言動の行われた場所や経緯、反復継続性などについて、加害者本人からよく聞き取り、違法性や懲戒処分の

相当性を争えるのか、適切な見通しを立てなければなりません。なお、基本的には、暴力に関しては、違法性が認められるとされていますので、叱責や業務指示の方法等が業務上認められる指導の範疇を超えるかどうか、という点が問題となることが多いでしょう。

他の従業員の供述は有益な証拠になるか

　特にパワハラの事案においては、加害者から、「他の従業員に聞いてもらえれば、皆、被害者側に重大な落ち度があり、加害者の指導は業務上適正な範囲のものであると証言するから、他の従業員の陳述書を、できる限り多数、証拠として提出したい」との要望が出されることがよくあります。

　確かに、被害者側に重大な落ち度が認められること、それまでも度々注意指導を重ねてきたうえでの厳しい言動であることなどが、周囲の従業員からの聞き取りにより明らかになり、加害者の言動が適正な業務上の指導の範疇であることが裏付けられることもあります。しかしながら、他方で、他の従業員は、加害者に逆らって加害者に不利な証言をすることに対する報復を恐れて加害者に有利な証言をせざるを得ない場合もあります。その場合には、裁判所においては、当該陳述書には信用性が認められないとされてしまうでしょう。

　そのため、他の従業員の陳述書のみで、被害者の落ち度等を裏付けようとするのではなく、被害者の業務遂行状況の著しい不良を裏付ける別の証拠でこれを補強できないか等、陳述書以外の証拠を検討し、陳述書を提出する場合にも、なるべく加害者の影響が排除された状態で、信用できるものかどうかを、代理人自身が確認して慎重に作成すべきです。当然のことではありますが、単に陳述書の数が多ければよい、というものではありませんので、その点を加害者によく説明し、理解してもらわなければなりません。

相手方の反論を見据えた証拠収集

弁護士3年目　男性

セクハラを理由とする懲戒解雇

　使用者は、A県内のビジネスホテル（以下「Y社」といいます）であり、労働者（以下「X」といいます）は、Y社において正社員として勤務する従業員でした。

　Y社は、Xがアルバイトとして勤務する従業員Zに対し無理に交際を迫るセクハラをしたことを理由にXを懲戒解雇しました。

　私は、Xの代理人として、使用者側の代理人と裁判外の交渉を行うことになりました。

セクハラに関する証拠収集

　私がXから事実関係を確認したところ、Xの主張は、Zとは合意のうえで交際していたので、セクハラをしたわけではない、すなわち、行為自体は認めるが、違法性がない、というものでした。

　そこで、私は、Xに対し、Zと交際した当時の①LINE・メール、②写真や動画、③手紙・贈答品、④スケジュール表や日記の提出を求めました。

　①は、LINEやメールの中において、デートや性行為に関するやり取り等がある場合には、職務上の地位を利用して無理やり交際を迫ったセクハラではないことを推認させる証拠になり得ます（なお、LINEには、LINEのやり取りをテキストの形式でまとめて送信する機能があるので、

依頼者から弁護士のメール宛に送信してもらうと便利です）。

　②も、デート時などの写真が出てきた場合には、双方合意のうえでの私的な交際であり、セクハラではないことを推認させる証拠になり得ます（なお、写真等のデータは、データのプロパティを確認することによって、写真や動画の撮影日時を確認することができる場合があります）。

　③は、現代において手紙を書く習慣がないにもかかわらず、相手より手紙を受領したということであれば、やはり意に反して無理やり交際を迫ったものではないことを推認させる証拠になり得ます。

　④は、内容の密度にもよりますが、詳細に相手とのデートの日時やデートの感想等を記録していた場合には、セクハラを否定する証拠になり得ます。

　その後、Xは、証拠として、①デートの感想等を話すLINE、②ラブホテルの部屋の中において笑顔で写るツーショットの写真、③Xの誕生日に受け取ったバースデーカード、④スケジュール表のアプリのスクリーンショットを提出してくれました。

　私は、これらの証拠があることを前提に、裁判外において懲戒解雇が無効であることを主張しましたが、Y社側は、懲戒解雇が有効であることを前提とする主張に終始したため、裁判外の交渉が決裂しました。そこで、労働審判の申立てを行いました。

　第1回労働審判期日において、Y社が主張する懲戒事由に対し、X・Z間のLINEのやり取り等を根拠に、合意のうえで交際したことを主張したところ、裁判所は、やり取りの中で勤務時間中の性行為が認められる点を捉え、「性行為について合意があったか否かはともかく、勤務時間中に性行為をしたこと自体は、職務専念義務に違反するため懲戒事由には該当するが、懲戒解雇の処分は重すぎるため不相当である」との判断でした。

　その後の話合いは、懲戒解雇が無効であることを前提として進めることができ、比較的早期に調停成立により終了することができました。

証拠は１つあれば十分！？
二の矢、三の矢を準備した交渉術

「今の時代、交際関係の立証のためには、LINE のやり取りだけでも十分であり、それ以上に証拠の提出を求める必要はないのでは……！？」と思う方もいるかもしれません。

確かに、当事者間の LINE やメールのやりとりは、セクハラの事実を否定するための強い証拠です。

しかし、無理やり交際を迫られたとする類型のセクハラでは、交際相手からは、LINE のやり取りは上司等相手の機嫌を損ねないようにするために送信していたものにすぎず、真意ではない等の反論をしてくることが少なくありません。

そのため、相手方が上述のような反論をしてきた場合に備えて、LINE やメール等の強い証拠だけではなく、その他の証拠もないか確認し、準備したうえで、反論に備えた再反論も視野に入れて対応を検討することは、非常に重要です。

特にスマートフォン内に保存されているデータは、機種変更等によって誤って破棄してしまうことがあり得るため、早めに証拠収集することを心がけるとよいと思います。

従業員一丸となって証拠収集？！

弁護士 10 年目　女性

突然の内容証明請求

　ある会社宛に、休職中の従業員Ａの代理人弁護士から内容証明郵便が届いたとして、相談がありました。内容は、過重労働に対する残業代請求と、会社代表者の指示（パワハラ）によりこのような過重労働が課され、体調不良に陥り休職を余儀なくされたとする損害賠償請求でした。

　この会社は、代表者のワンマン会社でしたので、このような請求がなされたことに対し、代表者は怒り心頭です。

　聞くと、「Ａは、自分から『もっとやらせてくれ！　俺はもっとできるんだ！』というアピールを積極的にするタイプだが、いざやらせてみると全くこなせていないため、代表者はこれまでも、Ａのやる気を削がない程度に、仕事量を調整するよう十分配慮してきており、しかも、代表者は、ワークライフバランスを大事にして感性を磨くことや、交友関係を広げることは、よい仕事につながるものとして積極的に推奨しており、Ａが深夜に仕事をしていることもあるのは、自身が指示したものではなく、Ａが好んで日中映画鑑賞をしたり、友人らと飲食したしわ寄せにすぎない。このことは、他の従業員全員が証言できることで、間違いない」という話でした。

　ただし、一見すると、労働時間が長く見えるような勤怠管理アプリのログイン・ログアウト記録が存在しており、業種的にも、各従業員への負担は、ともすると大きくなりがちな業種であったため、本当にパワハラの「過大な要求」の類型に該当するような指示がなかったかを確認する必要がありました。

193

そこで私は、従業員数がそれほど多くない会社だったため、各従業員の担当業務を、何らかの基準で数値化できないか、日中自由に時間が使えていたようなことを裏付けるような記録（SNSへの投稿など）がないか、会社の担当者らに確認をしました。

SNSへの投稿を見ると……

会社担当者らが収集したAの過去のSNS投稿を見ると、確かに、就業時間と申告していた時間中に飲酒を伴う外食をしていたり、自宅でゲームをしていたり、買い物をしていたりする様子が多々投稿されていました。また、「暇すぎる」、「自由にやらせてくれる代表者は素晴らしい！」などと、代表者が過大な要求をしているとの主張とは相反するような内容の投稿も散見されました。

さらに、会社担当者が作成した、各従業員の担当業務を数値化した資料を確認すると、Aの担当業務は、他の従業員と比して決して多くもありませんでした。

これら会社担当者が収集・作成した資料は、被害者のハラスメントとの主張に対抗するものとして有益であるとともに、残業代請求との関係でも有益でしたので、その後、あらためてこれらの情報を整理し、証拠として提出できるよう準備することとなりました。

同僚や先輩の証言

上述のように資料をそろえると同時に、一緒に働く他の従業員全員に対して、聞き取りを行いました。この聞き取りによって、確かに同会社においては、従業員各人の負担が大きくなりがちではあるものの、代表者がこれを強要するようなものではなく、特にAに対しては、代表者自身が主張するように、十分な配慮がなされており、Aの業務のフォ

ローを他の従業員が行ってきていたことがわかりました。また、Aは自身のことを過大評価しがちであり、自身ができないことに関しては、周囲に責任を押しつけるような性格であることも透けて見えてきました。

労働審判手続にて

　以上のような調査及び証拠収集を行った結果、交渉において請求を認めずとも十分に争えると判断し、会社としては、交渉を早々に決裂させました。その結果、後日Aから労働審判が申し立てられることとなりました。

　労働審判手続においては、上述のとおり集めた、ログイン・ログアウト記録やAの主張する就労状況とは矛盾する内容のSNS投稿や、実際の業務内容を数値化した資料、他の従業員の陳述書などを答弁書とともに証拠として提出し、その結果、裁判所では、第1回期日から、特にハラスメントは認められないという前提で話が進められ、最終的に、会社が解決金を支払いAは退職する、という内容での調停が成立しました。

代理人としての舵取り

　代表者としては、自身にパワハラがあったと主張されたことで怒り心頭で、ともすれば他の従業員たちを先導し、従業員総出でAの粗探しに邁進する姿勢を見せていました。しかしながら、やり方次第では、それこそ逆にパワハラが疑われる対応に見えてしまいますし、従業員各人の業務負担は、確かに大きくなりがちでしたので、パワハラには該当せずとも、Aの体調不良に業務起因性が認められるリスクはありました。そのために、代理人としては、冷静に、なるべく客観的な証拠を収集するよう指示することに努めました。従業員からの聞き取りに関しても、なるべく本音を話していただくよう、代理人のみで行い、代表者に忖度

して脚色されている部分がないかどうか十分注意しながら聞き取るように心がけました。

　結果的には、早期解決となり、「今後は本来の業務に集中できる」として代表者及び会社から満足していただくことができました。

ワンポイントアドバイス

加害者任せにせず、
できる限り客観的な証拠を収集する

　身に覚えがない中で、ハラスメントの加害者とされた場合、加害者としては冷静さを失い、セクハラであれば「被害者だって好意的だった」、パワハラであれば「被害者の方に落ち度がある。周囲の従業員もみんなそう供述してくれる」などと主張をして、自己判断で、自身が有利と思う資料を積極的に集めて提示してくることが多々あります。

　これらの資料は、実際に加害者側に有利になるものもありますが、被害者と加害者の関係性から、被害者が本心に反して好意的に接せざるを得ない、ということはありますし、他の従業員は加害者に逆らえないために、加害者に有利な証言をせざるを得ないこともありますので、これらが有利なものとなるとは限らず、裁判所に重要視してもらえない可能性が高いです。

　ハラスメントの加害者から相談を受けたら、まずは、客観的な証拠としてどのようなものがありそうか、相談者から十分に情報を引き出す必要があります。そのうえで、証拠収集を加害者任せにせずに、どのような証拠が有益か、加害者に十分に説明しながら進めるのがよいでしょう。

ハラスメントの加害者とされた労
働者側の対抗手段

▶ **事実関係・評価・手続に**
着目せよ

——ハラスメントの加害者とされた労働者が使用者から懲戒処分を受け、
これに不服がある場合、労働契約法15条に照らして、当該懲戒処分が
無効であるといえるかを検討することになる。その際、背景を含めた事
実関係・評価（処分の相当性）・手続（弁明の機会の付与、処分理由の
開示等）に着目して攻撃できる点がないか丹念に探してみよう。

懲戒処分を受けた労働者はどのような請求をするか

　（ハラスメントを理由とするものに限りませんが）懲戒処分を受けた
労働者が当該懲戒処分に不服がある場合、使用者に対してどのような請
求をするかは処分の内容によって異なります。
　懲戒解雇に不服がある場合、通常は、労働契約上の地位を有すること
の確認請求に加えて、解雇日から判決確定までの賃金請求をします。
　降格の場合、例えば、○○課長（任意の役職）たる労働契約上の地位
にあることの確認請求に加えて、降格に伴って役職に紐づけられた手当
が不支給又は変更された場合には処分日から判決確定までの差額請求を
検討します。

減給の場合も、差額請求を検討します。

　譴責や戒告でも、無効な譴責、戒告がなければその後昇給が確実にあったといえる場合や、賞与の不支給や減額をされることがなかったと確実にいえる場合は差額請求を検討しますが、多くの使用者はこれらの懲戒処分を昇給見送りや賞与の不支給・減額に直結させているわけではありませんし、昇給見送りや賞与不支給・減額は、考課期間中の懲戒処分の有無も一要素として考慮するものの、それだけを理由に決定するわけではありません。実際は、賃金の差額請求は難しいことが多いと思われます。そこで、譴責や戒告処分の無効確認を求めることが考えられますが、訴えの利益（確認の利益）を欠くために却下されないかを慎重に検討する必要があります。裁判所が認容するかどうかはともかく、どうしても労働者が譴責や戒告処分の法的有効性を争うという場合、無効な懲戒処分によって精神的苦痛を受けたとして慰謝料請求をすることが考えられます。私の経験では、組合活動を実質的な理由としてこうした懲戒処分を受けたと労働者が考えている場合やもともと労働者が使用者と対決姿勢をとっている場合に慰謝料請求が選択されたケースがあります。もっとも、たとえ認容されたとしても高額になるという見通しは立てにくいところです。

どのような手続で争うか

　いずれの懲戒処分であっても、労働者代理人弁護士として介入できる場合は、まず、使用者に対し、懲戒処分は法的に無効であるとして、処分の撤回を求めて交渉すべきです。以下、懲戒解雇とそれ以外の懲戒処分に分けて解説します。

　懲戒解雇の場合、使用者としては労働者の行為により企業秩序が大きく侵害されたと考えており、交渉過程で労働者代理人弁護士から無効であるとの指摘を受けただけで撤回を決定することはほとんどないと思われます。そして、特に懲戒解雇の場合は、当然、労働者は賃金の支給を

停止されていますので、見込みのない交渉に時間をかけるよりも法的手続を速やかに提起することを検討すべきです。

　法的手続を提起する場合、裁判所の手続としては、訴訟、労働審判が考えられます。また、特に訴訟提起に先立ち、あるいはそれと同時に、賃金仮払仮処分命令の申立てを検討します。労働審判の場合、約7割が調停で解決していること、地位確認請求事件の多くは労働者が（解決金の支払いを受ける代わりに）復職を断念する内容の調停が成立していること等から、労働者が条件次第で復職を断念して調停する意向があるというのであれば労働審判を選択してよいでしょう。なお、労働審判手続で復職を前提とする調整成立を求めることが制限されているわけはありませんが、手続の中で使用者が労働者の復職を受容するかどうかについては適切な見通しを立てて交渉を開始すべきです。この点、体験談1では、懲戒解雇は無効であると見られるものの、労働者が勤務時間中に恥ずべき行為に及んだことは確かであること、労働者が再就職に有利な資格を保有していること等から労働審判を選択したことが述べられています。

　他方、懲戒解雇以外の懲戒処分については、賃金全体の支給が停止しているわけではありませんので、使用者の譲歩を求めて交渉に時間をかけることができることが多いと思われます。しかし、交渉で決着しない場合、法的手続の利用を検討しますが、労働者が在籍中であるということを念頭に置いて争い方を検討する必要があります。裁判手続を利用したからといって会社を退職しなければならないわけではないものの、使用者を相手とする裁判手続をすることに伴う労働者への影響については事実上のものも含めてよく説明しておく必要があります。それでも労働者が裁判手続を利用するというのであれば、上述のとおり、手続や懲戒処分の内容に応じて請求内容を選択します。

事実関係・評価・手続

　労働者側として、懲戒処分の法的有効性を争うときは、「使用者が労働者を懲戒することができる場合において、当該懲戒が、当該懲戒に係る労働者の行為の性質及び態様その他の事情に照らして、客観的に合理的な理由を欠き、社会通念上相当であると認められない場合は、その権利を濫用したものとして、当該懲戒は、無効とする」という労働契約法15条に着目します。

　まず、使用者が懲戒理由とする具体的事実（労働者の行為の性質及び態様その他の事情）が何かということを後出しを許さないような形で開示させる必要があります。この点、体験談２では、地方公務員の事例であり、労働契約法が適用されるケースではありませんが、任命権者が懲戒処分の理由となった具体的事実関係を示していないこと（理由付記の欠缺）が処分取消しの理由とされています。ハラスメント事件に限りませんが、交渉段階では、労働者側が、使用者がこれらの認定をした証拠にアクセスできるケースは少ないと思われます。しかし、できる範囲で開示を求め、その信用性チェックを試みるべきです。他方で、ハラスメント事件には、職場に被害者とされる労働者がいるということも忘れてはなりません。被害者とされる労働者の心情、権利にも配慮しつつ、依頼者である労働者の権利や名誉を守ることを心がけましょう。

　次に、使用者が懲戒理由として主張する労働者の具体的なハラスメント行為が認定できるとして、就業規則上のどの規定に該当するか（客観的に合理的な理由を欠くものではないか）を点検します。規程の整備漏れで各種ハラスメントを懲戒事由として明記していない就業規則もあるので注意すべきです。

　さらに、評価、手続が適正であるか（社会通念上相当であるか）をチェックします。評価については、軽微なハラスメント行為に対して、懲戒解雇等重大な処分を行うことに関して均衡はとれているのか、使用者はハラスメント防止についてどのような規程を設け、どのような措置を講じてきたのか等可能な限り情報を入手し、これらも参考にして重き

に失しないかを検討します。手続については、調査の全過程に事実認定の誤りが介在する余地がないかを点検すべきですが、これらにはアクセスできないことも多いので、主に弁明の機会が実質的に付与されたかどうかを依頼者のヒアリングを通じて確認します。未実施であれば、使用者と交渉が生じるかもしれませんが、事案によっては弁護士の同席を求めてもよいと考えます。事実関係についての使用者からの質問への回答は基本的に労働者自身にさせる姿勢で臨めば問題はないと考えます。弁護士が同席することで関連性のない質問を思いとどまらせたり、緊張等のため労働者がうまく答えられなかったときに、事前に得た情報等に基づいた説明をして労働者の落ち着きを取り戻させ、訂正等を促す等、第三者である弁護士でも役立てることはあります。

体験談 1

恥ずかしさのために
復職に躊躇があった事例

弁護士3年目　男性

セクハラで懲戒解雇

　使用者は、A県内の病院（Y病院）の開設者であり、依頼者（以下Xといいます）は、Y病院において看護師として勤務する従業員でした。

　Y病院は、Xが同僚の女性看護師Zに対し無理に交際を迫るセクハラをしたことを理由にXを懲戒解雇しました。

　私は、Xから相談を受け、Xの代理人として、Y病院に対し、①労働者としての地位確認及び②解雇日以降の賃金請求を行う文書を送ったうえで、使用者側の代理人と訴訟前の交渉を行うことにしました。

交渉の見込みの説明

　相談時に、Xから事実関係を聞き取ったところ、XはZと合意のうえで交際したのでセクハラには当たらないとのことでした。

　私は、Xから示されたX・Z間のLINEのやり取りを確認したところ、XとZが相互に性行為の感想を送受信しているものを複数確認できたことや、交際期間が約1年もの間続いていたことから、Xの言い分を証明できるとの見通しを立てました。なお、Xとしても勤務時間中に性行為をしたことは事実であるため話しづらそうでしたが、その話によれば、Zは、勤務時間中に職場の休憩室において性行為をしていたことが職場に発覚したことで、懲戒処分を恐れて、Xからセクハラを受けたと虚偽の申告をしたおそれがあるということでした……。

　Xは、Zとの交際の噂が職場内に広まってしまったので積極的には復職を希望していませんでした。看護師は比較的再就職に有利な資格であることもあったと思います。そこで、私は、解雇日以降の賃金請求を維持しつつも、Y病院が退職金額を考慮した相当額の解決金を支払うのであれば懲戒解雇を撤回してもらったうえで退職するという方針で交渉を進めることにしました。

　しかし、裁判前において和解に至らなかったので、労働審判を申し立てることにしました。

加害者の立場を踏まえた代理人の振る舞い

　私は、第1回労働審判期日において、Y病院が主張する懲戒事由について、X・Z間のLINEのやり取りを証拠として、Zがセクハラであると主張する性行為等はいずれも合意のうえであったと主張しました。

　労働審判手続では、労働審判委員会は、審尋では、当事者本人から直接、話を聞いて心証を形成したいため、代理人は事実関係について発言を慎むべきだという意見を聞いたことがあります。

　ただ、事件の性質によっては、当事者が事実関係を真正面から説明できないこともあるので、このような場合には代理人が事実関係について積極的に発言してもよいのではないかと思います。

　本件でもＸは、職場で性行為をしてしまったという後ろめたさがあったため、Ｘ自身は、事実関係を語りにくかったといえます。そのため、私は、事実関係についてもＸから聞いていた範囲で説明することにしました。

　労働審判委員会からは、「勤務時間中の性行為は職務専念義務に違反するため懲戒処分事由には該当するが、Ｚの合意が認められる事情の下では、懲戒解雇の処分は重きに失し、社会通念上相当とは認められない」との心証が開示されました。

　その後の調停を目指した協議では、懲戒解雇が無効であることを前提として進めることができました。Ｘとしては、退職金等を受領して今後の就職活動に切り替えていきたいし、Ｙ病院としても、Ｘとの紛争を早く終了させたい意向であったため、和解金額の協議が中心となり調停で解決できました。

　なお、Ｘは、Ｚと交際していたことや懲戒処分を受けたことがＹ病院内外で広まってしまうことを心配していたので、調停条項に「ＸとＹ病院は、今後、本件に関する情報をみだりに口外しないことを約束する」旨の口外禁止条項を入れました。

懲戒理由の記載が不十分であることを
攻撃したケース

弁護士 15 年目　男性

懲戒免職処分

　ある市職員（依頼者）から、高齢女性の生活保護受給者に対し、それぞれの家宅において、セクハラを行ったと疑われているという相談を受けました。依頼者にとっては、全く身に覚えがないことでした。互いに面識のない複数の生活保護受給者から市に被害申告があり、これを受けて調査が開始されたというものでした。しかし、いずれも 1～2 年も前の出来事についてのものであり、面識のない生活保護受給者が示し合わせたように同時に被害申告を行うという不自然なものでした。依頼者と私は、当時確執のあった上司が依頼者を陥れるために生活保護受給者を焚きつけて作り話をしたのではないかと疑うようになりました。

　私は、告知聴聞の機会への同席から受任しました。依頼者には懲戒免職処分が下されました。審査請求前置主義がとられているため公平委員会に対する審査請求を行いましたが、これも棄却されたため、懲戒免職処分の取消訴訟を提起しました。

理由付記がない

　懲戒免職処分にあたり、市から依頼者に交付された処分通知書には、処分の根拠法令のみしか示されておらず、当該規定の適用の原因となった具体的事実関係（依頼者がいつ、どこで、誰に対し、何をした等）は

204

一切示されていませんでした。

　私は、地方公務員法49条1項（令和元年法律71号改正前）は、「任命権者は、職員に対し、懲戒その他その意に反すると認める不利益な処分を行う場合においては、その際、その職員に対し処分の事由を記載した説明書を交付しなければならない」と定めており、ただし書きのある行政手続法14条1項と異なり、理由附記の例外を一切認めていないことを強調しつつ、昭和49年4月25日の最高裁判決を引用して、「単に抽象的に処分の根拠規定を示すだけでは、……法の要求する附記として十分でないといわなければならない」（民集28巻3号405頁〔21046060〕）と主張し、本件の処分通知書には理由付記がないため、セクハラの事実の有無にかかわらず、処分は取り消されるべきだと主張しました。

　市（被告）は、懲戒免職処分後に生活保護受給者らからの追加の聞き取り調査を行うなどして、準備書面で依頼者の非行事実（つまり、セクハラ行為）を追加して主張するという有様でした。しかし、裁判所は、争点整理手続において、理由付記がないことだけを理由として取消判決を書くことも躊躇するなどとして、市が請求した生活保護受給者らの取調べを採用し、生活保護受給者らは、依頼者からセクハラの被害を受けたなどと証言しました。

　私は、理由付記を欠くがゆえに取消しを免れないという主張が容れられなかったときに備え、念のため、市の主張するセクハラの事実も後出しであり、しかも虚偽であり、実質的にも依頼者が処分を受ける理由はないと主張しました。

さて、判決は？

　私は、判決言渡日に裁判所には出頭せず、電話で判決主文について聞き取りを行ったところ、懲戒免職処分を取り消す、というものでした。行政処分に対する取消判決は珍しいので主文を聞いた時点で喜び、依頼者にもすぐ報告しました。

ところが、後日送達された判決理由を見ると、確かに理由付記を欠くために違法であり、取り消されるべきということにはなっていました。主文を導くにはこのことだけを指摘すれば足りるはずなのですが、判決理由は、それにとどまらず、訴訟提起してから市が準備書面で依頼者の非行事実として主張した事実を認定しました。つまり、依頼者の生活保護受給者らに対するセクハラ行為は認めることはできるが、理由付記を欠くために懲戒免職処分は取り消されるべきというのです。

2度目の懲戒免職処分

　私は、市の代理人と交渉を行い、依頼者は、懲戒免職処分を受けてから判決言渡日までの給与を任意に払ってもらいました。
　なお、市は、取消判決を受けて、懲戒免職処分に関与した職員数名に対し懲戒処分を行ったそうです。市長名義でなされた処分ですが、市長は自分で責任をとったのかどうかはわかりません。
　市は、依頼者に対し、判決から間もなく、上記判決で認定された事実（私に言わせれば余事記載そのものですが）を下敷きにした処分を示して、再度依頼者に対し、告知聴聞の機会を付与し、懲戒免職処分を行いました。今度は処分通知書に処分理由として具体的事実（裁判所が認定したもの）が記載されていました。公平委員会に対し、審査請求を行いましたが、棄却されたため、2度目の懲戒免職処分の取消訴訟を提起しました。

2度目の取消訴訟

　2度目の取消訴訟では、セクハラ行為が認められるか、認められるとして懲戒免職処分は重きに失しないかが主な争点となりました。
　私は、一度目の取消訴訟では、理由付記を欠くために懲戒免職処分が

取り消されたのであり、被疑事実について防御の機会が与えられていないので、市が理由とする依頼者の非行事実が認められるかを確認するために生活保護受給者らの人証調べを請求しました。生活保護受給者らが一度目の訴訟における証言と一貫した内容の証言をするか信用性のテストを行うことも狙っていました。ところが、裁判所は人証調べを採用しないとしました。民間企業の労働者の地位も解雇権濫用法理で厚く保障されているといえますが、公務員は特に法律で身分保障されているのですから、懲戒免職処分の有効性については慎重な審理が必要となるはずです。

　そして、裁判官の構成は異なるものの、一度目の判決を下したのと同じ地方裁判所が、一度目の判決理由のうち余事記載の部分を下敷きにする形で依頼者の非行行為を認定して、懲戒免職処分の取消しは認めないとしました。控訴して争いましたが、今でも悔しい事件の1つです。

ワンポイントアドバイス

相当性について
～人事院の懲戒処分の基準例～

　民間企業の場合でも、就業規則とは別に、懲戒処分の基準を設けていることがあります。ハラスメントの加害者とされる労働者あるいはその代理人が基準を取得して、相当性について問題提起できればよいのですが、就業規則より具体的な処分基準はあくまで内規であって公表しているケースは少ないと思います。

　この点、国家公務員について人事院が懲戒処分の基準を次の表のように公表しています。これによれば、ハラスメントについてもその性質、態様によって、戒告から懲戒免職の類型があるとされています。

標準例一覧

	事　　由	免職	停職	減給	戒告
	(1)　欠勤				
	ア　10日以内			●	●
	イ　11日以上20日以内		●	●	
	ウ　21日以上	●	●		
	(2)　遅刻・早退				●
	(3)　休暇の虚偽申請			●	●
	(4)　勤務態度不良			●	●
	(5)　職場内秩序を乱す行為				
	ア　暴行		●	●	
	イ　暴言			●	●
	(6)　虚偽報告			●	●
	(7)　違法な職員団体活動				
	ア　単純参加			●	●
	イ　あおり・そそのかし	●	●		
	(8)　秘密漏えい				
1	ア　故意の秘密漏えい	●	●		
一	自己の不正な利益を図る目的	●			
般	イ　情報セキュリティ対策のけ怠による秘密漏えい			●	●
服	(9)　政治的目的を有する文書の配布			●	●
務	(10)　兼業の承認等を得る手続のけ怠			●	●
関	(11)　入札談合等に関与する行為	●	●		
係	(12)　個人の秘密情報の目的外収集			●	●
	(13)　公文書の不適正な取扱い				
	ア　偽造・変造・虚偽公文書作成、毀棄	●	●		
	イ　決裁文書の改ざん	●	●		
	ウ　公文書の改ざん・紛失・誤廃棄等		●	●	●
	(14)　セクシュアル・ハラスメント				
	ア　強制わいせつ、上司等の影響力利用による性的関係・わいせつな行為	●	●		
	イ　意に反することを認識の上でのわいせつな言辞等の性的な言動の繰り返し		●	●	
	執拗な繰り返しにより強度の心的ストレスの重積による精神疾患に罹患させたもの	●	●		
	ウ　意に反することを認識の上でのわいせつな言辞等の性的な言動			●	●
	(15)　パワー・ハラスメント				
	ア　著しい精神的又は身体的な苦痛を与えたもの		●	●	●
	イ　指導、注意等を受けたにもかかわらず、繰り返したもの		●	●	
	ウ　強度の心的ストレスの重積による精神疾患に罹患させたもの	●	●	●	
2	(1)　横領	●			
公	(2)　窃取	●			
金	(3)　詐取	●			
官	(4)　紛失				●
物	(5)　盗難				●
取	(6)　官物損壊			●	●
扱	(7)　失火				●
い	(8)　諸給与の違法支払・不適正受給			●	●
	(9)　公金官物処理不適正			●	●
	(10)　コンピュータの不適正使用			●	●

区分	項目						
3 公務外非行関係	(1)		放火	●			
	(2)		殺人	●			
	(3)		傷害		●	●	●
	(4)		暴行・けんか			●	●
	(5)		器物損壊			●	
	(6)		横領				
		ア	横領	●	●		
		イ	遺失物等横領			●	●
	(7)		窃盗・強盗				
		ア	窃盗	●	●		
		イ	強盗	●			
	(8)		詐欺・恐喝	●	●		
	(9)		賭博				
		ア	賭博			●	●
		イ	常習賭博			●	
	(10)		麻薬等の所持等	●			
	(11)		酩酊による粗野な言動等			●	●
	(12)		淫行	●	●		
	(13)		痴漢行為		●	●	
	(14)		盗撮行為	●	●		
4 飲酒運転・交通事故・交通法規違反	(1)		飲酒運転				
		ア	酒酔い	●	●		
			人身事故あり	●			
		イ	酒気帯び	●	●	●	
			人身事故あり	●			
			措置義務違反あり	●			
		ウ	飲酒運転者への車両提供、飲酒運転車両への同乗行為等 ※飲酒運転をした職員の処分量定、飲酒運転への関与の程度等を考慮し決定	●	●	●	●
	(2)		飲酒運転以外での人身事故				
		ア	死亡又は重篤な傷害	●	●	●	
			措置義務違反あり	●	●		
		イ	傷害			●	●
			措置義務違反あり		●	●	
	(3)		飲酒運転以外の交通法規違反				
			著しい速度超過等悪質な交通法規違反		●	●	●
			物損・措置義務違反あり		●	●	
5 監督責任	(1)		指導監督不適正			●	●
	(2)		非行の隠ぺい、黙認		●	●	

出典：人事院ホームページ（https://www.jinji.go.jp/kisoku/tsuuchi_bessitou/12_choukai_bessitou/1202001_H12 shokushoku68hyoujunrei.pdf）

▶ **事前も事後もケアが必要**

——厚生労働省によれば令和2年度の総合労働相談件数のうち「いじめ・嫌がらせ」は最多となり、就業の場におけるメンタルヘルスの問題は極めて重要な課題となっている。この問題について、弁護士として求められる適切な対応とは何か。

個人にも企業にも切実な問題

　令和2年度厚生労働省委託事業「職場のハラスメントに関する実態調査」の報告書によれば、全国の20〜64歳の男女労働者（8,000名）を対象としたアンケート（対象：全回答者、単一回答）において、過去3年間にパワハラ、セクハラ及び顧客等からの著しい迷惑行為を一度以上経験した者の割合は、パワハラが31.4％、顧客等からの著しい迷惑行為が15.0％、セクハラが10.2％となり、前回（平成28年度）の調査時と比べて全体の水準はほぼ変わりがありませんでした。これらのハラスメントによる心身への影響については、例えば、パワハラを受けたことによる心身の影響としては、60〜70％の人が「怒りや不満、不安などを感じた」、「仕事に対する意欲が減退した」と回答し、次いで多かった回答は「職場でのコミュニケーションが減った」となっており、不眠は約23％、休職や通院・服薬等の強度の影響を挙げる人は約10％、特に影

響はなかったとする回答はわずか 6.9 % でした。令和 2 年度の精神障害等による労災支給決定件数も 600 件を超え、平成 28 年度の 498 件から比べて 100 件も増加しました。2020 年 6 月からパワハラ防止対策が法制化されたことなどを踏まえ、厚生労働省「心理的負荷による精神障害の認定基準」も改正されるに至っています。

　職場でハラスメントの被害を受けた場合には、周囲に相談できず本人が問題を抱え込み心身の不調を来し、精神疾患を発症することが往々にして見られます。その結果、心身の回復には長期間を要するケースも多く、休職と復職を繰り返したり、退職した場合も社会生活の円滑な遂行が困難となる状態が継続することも決して少なくありません。被害者にとって、ハラスメントは個人の尊厳や人格を傷つけられる許されざる行為であるだけでなく、企業にとっても、ハラスメントによる心身不調の社員を生むことは、生産力の低下や貴重な労働力・人材の流出等、経済的な観点からも損失が大きいものであることを認識する必要があります。

メンタルヘルス不調の予防が重要

　厚生労働省は「労働者の心の健康の保持増進のための指針」（メンタルヘルス指針、平成 18 年 3 月策定、平成 27 年 11 月 30 日改正）を定め、主に①職場におけるメンタルヘルスケアの教育研修・情報提供、②職場環境等の把握と改善、③メンタルヘルス不調への気づきと対応、④職場復帰における支援という 4 つの観点からの対策を推進しています。特に、心身の不調を未然に防止するためのストレスチェック制度を効果的に活用し、適切な措置を行うことが重要であり、弁護士としては、企業に対し、かかる措置の具体的な方法の提案をしていくことが求められます。

　職場における部下の「いつもと違う」異変としては、遅刻、早退、欠勤の増加、無断欠勤、残業、休日出勤の不自然な増加、活気がない（あるいはその逆）、服装の乱れ等が挙げられ、これらが見られた際は、まずは労働者の話を聞き、産業医の受診を勧めるなどする必要があります。

異変に気づいた社員が産業医に相談できる体制をつくっておくのも、効果的な事前の対策となります。さらに、労働者本人のみならず、その家族に対して、ストレスやメンタルヘルスケアの基礎知識、事業場のメンタルヘルス相談窓口などの情報を提供することも有益です。

職場復帰を希望する本人からの相談も慎重に

　心身不調となった労働者の職場復帰について適切な支援を行うことも現場においては極めて重要です。特に、弁護士が相談を受けるに際しては、ハラスメント被害の申告をする、あるいは申告を受けたという入口の段階にとどまらず、被害を受けた労働者が休職を経て職場復帰する段階も慎重な対応を要します。

　従前の職務を通常の程度に行える健康状態に復し、休職事由が消滅した場合には、従業員は復職することが可能ですが、心身の不調を訴える労働者は、職場復帰を焦り、回復が十分でないにもかかわらず、職場復帰を求めることがあります。そのような場合に復職したのでは、再び休職せざるを得なくなるなどのリスクがあります。そこで、会社が職場復帰を認めてくれないことを不服とする労働者から相談を受けた場合は、それは労働問題だと安易に相談者に同調することなく、本人が回復したと判断する根拠（医師の診断書、生活状況等）を確認したうえで、会社の対応を具体的経緯に即して丁寧に聴取し、相談を進めることが必要です。

会社として復職させるにも慎重な判断を

　休職期間満了による退職の場面では、慎重な判断を行う企業が多いかと思いますが、会社としては、社員から復職を求められれば断る理由がないと即断しがちです。しかし、心身の不調が治癒していない状態で復

帰させ、その後再び業務上の原因により不調を悪化させれば、安全配慮義務（労働契約法5条）違反として責任を問われるリスクがあることに注意しなければなりません。そのため、復職を求められているという会社からの相談については、診断書の提出の確認は必要最低限行うのは当然ですが、診断書が提出されても、あくまでも復職させるか否かの判断の主体は企業であることを説明し、慎重に判断するようアドバイスすることが必要となります。診断書は患者から求められた内容が記されていることも多いことから、就業可能であると記された診断書が形式的にあれば問題ないとするのではなく、労働者からは情報提供の同意書への署名などで事前に了承を得て、主治医と面談することも重要です。その際には、情報提供に係る費用の負担についてもあらかじめ決めておくことがトラブル防止となります。さらに、職場や業務内容を把握している産業医の診察を受けてもらったりするなど、複数の専門的意見を得る工夫をすることも提案すべきでしょう。

復職したからといって油断は禁物

　慎重な対応の結果、復職可能と判断できた場合には、会社としては、本来は従前の業務に就かせて問題はないはずですが、復帰した社員が、再度業務に起因して心身の不調を来すことのないよう、配置場所、業務内容や時間等において労働負荷を軽減し、段階的に元の業務内容や環境に戻すなどの相応の配慮も必要です。

依頼者の心情に即したメンタルヘルスケア

弁護士3年目　男性

パワハラを理由とする損害賠償請求

使用者は、A県内の予備校（以下、「Y予備校」といいます）であり、労働者（X）は、Y予備校において講師として勤務する従業員でした。

Y予備校は、Xが無断欠勤を1週間継続したことを理由にXを懲戒解雇しました。

私は、Xの代理人として、Y予備校に対し、後述するパワハラを理由とする損害賠償請求や未払いの賃金請求の交渉を行うことになりました（Method 06体験談1と同一事例）。

パワハラの概要

私は、Xから事実関係を確認したところ、①募集要項の労働時間（14時～22時）とは大きく異なる労働時間（10時～24時）での勤務を強要される、②上司からの指示で早出出勤や残業をしてその旨の報告をしても、早出や残業の事実がないようタイムカードの改ざんを上司から命令される、③上司から「毎日校舎に寝泊まりしている同期と比較して会社に貢献していない。仕事中に遊んでいるんだろう。会社に何を貢献しているのか言ってみろ」等と叱責される、④上司の③の言動について社長に相談したところ、「あなたの能力の問題。能力の低い人の方が残業代を多くもらえるわけがない。そんなに多くの業務を抱えているのか。そんなに他の人と比べて大変な仕事をしているのか。業務を時間内に終わ

らせることができないなら、通勤時間も使って業務をしろ」とさらに叱責される、⑤年次有給休暇の取得申請を合理的な理由なく拒絶される等のパワハラを受けているとのことでした。

方針の決定

　本来であれば上述の①〜⑤をパワハラとして損害賠償請求をしたいところでしたが、残念ながら事実を立証する証拠が見当たりませんでした。
　また、Xとしても、Y予備校と話し合うこと自体が精神的に辛く、早くY予備校を辞めてY予備校との関係を断ちたいとの意向が強い様子でした。
　そこで、私は、パワハラを理由とする損害賠償請求等をしつつ、未払いの賃金の支払いや早期に退職手続を進めるようであれば、早期解決の観点から和解することを視野に入れて、Y予備校との裁判外の交渉を行うことにしました。

「次、どうするか」〜依頼者の心情に即した説明〜

　その後、私は、Y予備校との間において示談交渉を進めていきましたが、Xとの関係において意識したことは「直近の課題を解決していく見通し」をしっかり説明したという点です。
　弁護士が扱う事件にはさまざまなものがありますが、例えば、離婚事件のように事件終了後の長期的な生活を視野に入れて検討する必要がある事件類型の場合、「次、どうするか」という短期目標よりも「今後、どのようにしていくか」という長期目標の達成のプロセスを重視して説明する必要があります。
　一方、自己破産手続や懲戒解雇事件の場合、「今度、どのようにしていくか」よりも「次、1週間後、1か月後……をどう生きていくか」が

215

より重要になるため、短期目標の達成のプロセスをより具体的に説明する必要があります。

　私は、Xに対し、交渉経過を逐一報告するとともに、「次、どのように行動するか」を説明することを意識的に行いました。また、他の通常の打合せよりも、Xが心配な点を意識的に確認するようにしました。

早期和解の成立

　最終的には、Y予備校は、Xに対し、未払いの賃金を支払うこと、早期に退職手続をとること、Xは、Y予備校に対し、パワハラを理由とする損害賠償請求権を放棄すること等を内容とする和解が成立しました。

　パワハラの部分を金銭的に評価することができなかったことは残念ですが、パワハラに関する証拠が弱く見通しが悪かったこと、Xは、裁判外による早期解決を望んでいたことから、結果的にはよかったのかなと思います。

体験談2

説得しない！

弁護士5年目　男性

被害者が精神疾患を患っている場合

　現在、療養中のAさんから相談がありました。

　Aさんは、最近工場勤務になったばかりなのですが、工場内で長年働いているアルバイトのBさんから嫌がらせを受けるようになってし

まいました。

　正社員であるAさんは、上長として工場内を取り仕切るように言われていたのですが、丁寧に接しようとしても、なかなかBさんが言うことを聞かず、ついには一度怒鳴ってしまったことがありました。この日以後、Bさんからのいじめが始まりました。

　「社員のくせに使えない」、「意気地なしだから35歳を過ぎても結婚できないのだ」、「私より仕事ができないんだから黙ってて」など、明らかに業務上必要な範囲を超えて、かつ、執拗に繰り返されていたため、上長としての受忍限度もとうに超えてしまっている様子でした。

　このようなこともあり、Aさんは、数か月前に「抑うつ状態」と診断され、相談時には「うつ病」と正式に診断されたため、休職を申し出ているという状態でした。

法的な回答は

　私は、上述のような状態のAさんから相談を受けました。Aさんの希望としては、自分が休職している間にBさんをクビにしてもらい、復職後は、今までどおり現場で働きたいというものでした。

　ただ、いろいろと聴取した内容を踏まえても、会社側がいきなりBさんを懲戒解雇できる状況とは思われず、また、実際上も、当該工場の運営は、Bさんが欠けてしまうと大きな穴があいてしまうため、会社側としても、簡単に解雇するという方向で判断をすることが難しいように思われました。

　結論を急ぎがちな、いつもの私であれば、ここで、「法的には、会社にBさんを解雇してもらうように求めるのは難しい。それであれば次善の策として、会社に対して、Aさんご自身の配置転換を求めて、Bさんと近づかない状態をつくるか、いっそのこと、職場そのものを変えるべく、休職している間に転職活動をしてみましょう」などとアドバイスしてしまいそうなシチュエーションです。

しかし、先輩弁護士から、「法的な結論を言って合理的に納得できるという人ばかりであれば、弁護士という職業はいらない」と助言を受けたことがあったことを思い起こし、この先の見通し全てを説明することは一度差し控えました。

　特に、精神疾患を抱えているＡさんにとっては、ただでさえ、毎日毎日、辛く苦しい思いをしているのに、やっとのことで相談にこぎつけた弁護士にまで、「その要求は無理だから、ベターな方策で納得した方がよい」と説得される状況に直面するのは、あまりにも酷で、負担が大きいだろうと考えたためです。

　結局、Ａさんには、言いたいことを全て書き出してもらい、この手紙は会社に見せることとしました。他方、「会社側を説得する方法については弁護士である自分に任せてくれないか」とＡさんに伝えました。そのうえで会社の担当者に対しては、手紙を見せる際に、「この手紙は本人の正直な気持ちを書いてもらったため、ぜひ真摯に受け止めてもらいたい。もちろん、手紙をＢさんに開示することは差し控えられたい。会社側ででき得る限りの選択肢を、多少時間がかかってもよいので示してほしい」などと説明をしました。そのうえで、「そうは言っても、代理人弁護士としては、法律的に可能なこととそうでないことはよくわかっている。貴社で善処してくださったという痕跡が残せれば、当方依頼者も可能な範囲で説得するので、よろしくお願いしたい」と伝えました。

　結果的には、Ａさんの配置を変えることになったのですが、他方で、会社側は、Ｂさんがこれ以上横暴をしないように、工場内でのジョブローテーションを工夫して、１人の人間が、事実上権力者になるということを防止するなどの策を真剣に講じてくれました。

答え合わせはできないけれど

　今でも、あの時、法的な見通しを最後まで全て説明しなかったことが、

正解だったのかは、答え合わせができませんが、Ａさんのためにどのルートが一番よい方法なのかを、頭をフル回転して考えたことは間違ってなかっただろうと思っています。

　特に私の場合、きっちりと検討できている場合、言葉に「自信」がきっちりと現れ、自信がないと、言葉尻や話す態度で何となく不安感が現れてしまうからです。

　法的に見れば同じような解決策となる事案でも、人が違えば解決策が異なるのだろうということを学んだ事案でした。

体験談 3

顧問医との協働
～メンタルヘルスの問題（使用者側）～

弁護士 5 年目　男性

顧問医とは

　私の顧問先で、「顧問医」を有している会社があり、解決への過程が大変興味深かったので紹介します。

　顧問医とは、メンタルヘルス指定医療機関となることを趣旨とし、その内容は、専任担当者の定期訪問（指導）、精神科専門医による相談サービス等を行うものです。会社からの依頼でありつつも、対象者のケアが最優先であり、ケア方針・方法につき会社からの拘束を受けない点が特徴です。

パワハラの認定

　対象社員は、数か月前から度々休みがちになっており、顧問医の専任担当者（以下、「担当者」といいます）との面接を受けていたそうです。社長は、担当者からの相談でパワハラ被害の可能性があることを聞き及びました。すぐさま社長から相談があったので、対応を検討することにしました。

　協議の結果、まずはパワハラ被害の実態を極力把握することとしましたが、担当者には守秘義務があり、対象社員の許可を得なければ情報提供はできません。そのため、われわれは担当者から対象社員の意向を聴取してもらいながら進めることにしました。

　対象社員はことを荒立てたくないとのことで、パワハラの被害内容や加害者を明かしたくないとのことでした。そのため、会社側としても対象社員の周囲の人的関係から概ね当たりがついているものの、加害者と思われる社員へのヒアリングも行えませんでした。会社側としては対象社員の希望があれば異動は検討するという方向でいったん様子見としたものの、対象社員は心身不調のため休職することになってしまいました。

復職支援プログラム

　対象社員は復職を希望していたことから、担当者のもとで復職支援プログラムを受けることとなりました。

　同プログラムは、主として臨床心理士と精神保健福祉士が担当し、他社の受講者とともに少人数制で行われます。心理学にキャリア形成の観点も加味し、コミュニケーション能力の獲得や疾患理解、再発予防を目的としたプログラムを受講します。担当者からは概要的な話までしか聞けなかったのですが、対象社員は約3か月の間、復職支援プログラムに真剣に取り組んだとのことでした。

　復職支援プログラムにより対象社員は回復に向かい、会社との協議に

より異動のうえ復職することになりました。

　特殊な例ではありますが、顧問医を依頼していたのは会社でしたので、会社側の配慮やケアによって紛争化を回避することができたケースとして参考になれば幸いです。

ワンポイントアドバイス

円滑な職場復帰を目指そう

　社員が円滑に職場復帰できるためには、休職開始時や休職中におけるケアも重要です。傷病手当金などの経済的な保障のみならず、休職や復帰支援の手続を説明し、不安、悩みの相談先の紹介をするなど、労働者が安心して療養に専念できるよう努めることも休職支援の第一歩となります。

　さらには、正式な職場復帰決定の前に、模擬出勤（勤務時間と同様の時間帯に別の場所で軽作業などを行うもの）、通勤訓練（自宅から職場近くまで移動し、一定時間後帰宅するもの）、試し出勤（職場復帰の判断をすることを目的として試験的に一定期間勤務するもの）等の制度を設けることも、円滑な職場復帰に効果的です。

　具体的な職場復帰の支援については、厚生労働省のホームページ「改訂　心の健康問題により休業した労働者の職場復帰支援の手引き」（https://www.mhlw.go.jp/content/000561013.pdf）も参考にしてください。

執筆者一覧（五十音順）

編集代表・執筆

吉岡　剛　　弁護士（59 期・東京弁護士会）／奥野総合法律事務所・
　　　　　　　　　　　　　　　　　　　　外国法共同事業

編集・執筆

古平　江都子　弁護士（62 期・東京弁護士会）／東京新生法律事務所

堀川　裕美　　弁護士（60 期・東京弁護士会）／日比谷見附法律事務所

前田　哲兵　　弁護士（63 期・東京弁護士会）／前田・鵜之沢法律事務所

正木　順子　　弁護士（64 期・東京弁護士会）／銀座プライム法律事務所

余頃　桂介　　弁護士（60 期・東京弁護士会）／表参道総合法律事務所

執筆

上田　晃司　　弁護士（69 期・東京弁護士会）／上田法律事務所

牛島　貴史　　弁護士（65 期・東京弁護士会）／吉野高法律事務所

紙尾　浩道　　弁護士（69 期・東京弁護士会）／BACeLL 法律会計事務所

小林　亞樹　　弁護士（64 期・東京弁護士会）／水上総合法律事務所

柴﨑　拓己　　弁護士（68 期・東京弁護士会）／南青山 M's 法律会計事務所上野支店

杉浦　友亮　　弁護士（66 期・東京弁護士会）／森大輔法律事務所

大伍　将史　　弁護士（71 期・東京弁護士会）／弁護士法人アディーレ法律事務所

西野　優花　　弁護士（69 期・東京弁護士会）／早稲田リーガルコモンズ法律事務所

藤木　友太　　弁護士（67 期・東京弁護士会）／渥美坂井法律事務所・
　　　　　　　　　　　　　　　　　　　　外国法共同事業

サービス・インフォメーション

――――――――――――― 通話無料 ―・・
①商品に関するご照会・お申込みのご依頼
　　　　　TEL 0120 (203) 694／FAX 0120 (302) 640
②ご住所・ご名義等各種変更のご連絡
　　　　　TEL 0120 (203) 696／FAX 0120 (202) 974
③請求・お支払いに関するご照会・ご要望
　　　　　TEL 0120 (203) 695／FAX 0120 (202) 973

●フリーダイヤル（TEL）の受付時間は、土・日・祝日を除く
　9:00〜17:30です。
●FAXは24時間受け付けておりますので、あわせてご利用ください。

こんなところでつまずかない！
ハラスメント事件21のメソッド

2022年 2 月 5 日　初版発行

編　著　　東京弁護士会 親和全期会

発行者　　田 中 英 弥

発行所　　第一法規株式会社
　　　　　〒107-8560　東京都港区南青山2-11-17
　　　　　ホームページ　https://www.daiichihoki.co.jp/
デザイン　中村圭介・鳥居百恵・平田賞
　　　　　（ナカムラグラフ）

ハラスメント21　ISBN 978-4-474-07721-8　C2032 (4)